직업으로서의 PD

**어느 방송국
프리랜서 PD의 고백**

정영택 지음

생생한 방송 현장 에피소드들로 전달되는
PD라는 직업인의 진심

직업으로서의 PD

harmonybook

방송하려는 학생 중에, 의외로 샤이한 친구들이 많아요.

'뭔가 만들어보고 싶다'란 생각에 입학한 신문방송학과에서 덜덜 떨며 발표하는 내게, 교수님은 이렇게 말씀하셨다. 정확히 보셨다. 난 여전히 일생을 부끄러워하며 살고 있다. 그리고 여전히 하고 싶은 일을 하며 산다. 난 20년째, 말 못 하고 낯가리며 영상을 만드는 피디로 살고 있다. 보면 알 거다. 이런 사람도 피디를 한다.

피디라는 직업을 알게 된 건 고교 시절, MBC 시트콤 〈남자 셋 여자 셋〉을 통해서였다. TV 프로그램을 만드는 사람을 피디라고 부르는구나. 피디가 되려면 저렇게 신방과에 가야 하는구나. 그땐 스마트폰도, 유튜브도 없던 시절이었으니 그게 다였다. 다른 정보가 없었다. 진심으로 피디라는 직업을 원하게 됐을 때도, 나는 그들에 대해 아무것도 알 수가 없었다. 방송국 피디는 그들만의 리그였고, 나는 그 세계가 궁금했다. 알 수 없으니 동경했고, 그들만의 리그에서 뛰고 싶은 마음도 커져갔다. 결국, 조금은 이른 나이에 프리랜서 연출부로 방송국에 발을 들였다. 그렇게 세월은 흘렀고, 시대는 변했다. 설명할 필요도 없이, 이젠 모두가 피디라는 직업에 친숙하다. 어느 매체에서나 스타 피디들에 대한 정보가 넘쳐나고, 누구나 마음만 먹으면 스스로 영상을 만드는 피디가 되는 세상이 됐다. 하지만, 변하지 않는 것도 있다. 바로 피디들의 삶이다.

매체, 플랫폼, 제작 방식, 제작 도구 등의 격변에도, 지난 20년간 내가 본 피디들의 삶은 변하지 않았다. 그들은 예전에도 지금도, 한 편의 영상을 만들기 위해 여전히 같은 고민을 하고, 해답을 찾아 밤을 지새운다. 피디라는 직업의 무엇이 그들을 하얗게 불태워버릴까? 화려한 조명이 감싸주지 않는 그들의 진짜 삶은 어떤 걸까? 이건 내가 피디라는 직업을 원했을 때, 가장 궁금했던 것이기도 하다. 하지만 지금도 그 답은 찾기 쉽지 않다. 제작 방식이나 제작 도구에 관한 학습 정보는 차고 넘치지만, 피디들의 진짜 삶에 대한 정보는 국한돼있다. 매체는 언제나 극단적으로 성공하거나 실패한 사람들의 이야기를 전달하려는 특성이 있기 때문이다. 2023년 방송통신위원회의 통계를 보면, 방송사 제작 인력 10명 중 6~7명이 비정규직 프리랜서란다. 성공한 소수 스타 피디의 이야기는 다수의 삶을 반영하기 어려울 테다. 그래서 생각했다. 보잘것없지만, 시작부터 프리랜서 피디로 지내온 나의 이야기를 누군가는 듣고 싶지 않을까? 필사적으로 피디들의 진짜 삶을 찾아 헤맸었던 어린 날의 난, 분명 지금의 내게 졸라댔을 것이다. 어서 이야기를 해달라고.

다시 강조하지만 난 성공한 피디가 아니다. 내 이야기에는 화려한 현재도, 장밋빛 미래도 없다. 피디라는 직업에 대한 정답을 내놓을 정도로 대가도 아니다. 그래도 용기를 내, 피디라는 직업으로 밥벌이했던 그동안의 삶을 솔직하게 털어놓으려 한다. 피디가 되고 싶은, 이제 막 피디가 된 누군가는 한 번쯤 나와 같은 경험과 고민을 하게 될 테니까. 그 친구들이 이 책으로 마음의 준비와 함께 목마름도 어느 정도 해결할 수 있게 된다면, 그제야 기쁘게 말할 수 있을 것 같다. 피디로서의 삶, '나쁘지 않았다'고.

EP2. 직업으로서의 피디

EP1.
피디로서의 일상

1.
방송국 입성

MBC 〈뽀뽀뽀〉 합격하셨습니다. 출근하세요.

발표 울렁증을 앓는 대학 부적응자로서 신방과 1학년을 마
치고 튀었던, 가족 빼곤 누구의 면회도 없던 군 생활도 어느
덧 말년이 됐다. 말년의 하루하루는 정말이지 더럽게 더디게
흘렀다. 인생 전체를 복기해도 끝나지 않던 일과시간 중, 행
보관이 못 보던 물건을 들고 왔다. 병사들 부려 먹으려고 가
져온 철 지난 중고 컴퓨터였다. 역시 병사의 주적은 간부다.

"!!!"

포토샵이 깔렸어?! 선아 누나가 말했던 어도비 포토샵! 입
대 전 아르바이트한 영상 제작사의 피디였던 그녀는 말했다.
영택아, 포토샵이 영상 편집의 기본이야. 행보관님! 충성! 영
상을 만들고 싶어 신방과에 들어갔던 난, 그 중고 컴퓨터로
선아 누나의 영상편집 커리큘럼을 시작했다. 일단 당시 유행

하던 '무작정 따라 하라'는 포토샵 책을 구했다. 누나는 어떤 프로그램을 하든, 1번은 '단축키 외우기'라고 했다. 단축키부터 외우고 무작정 따라 했다. 단축키가 손에 익으니 진도가 빨라졌고 전역 전, 포토샵을 마스터했다.

누나, 고마워요! 할 얘기가 많아요! 복학해서 아르바이트했던 회사를 가장 먼저 찾아갔다. 휴가 때 폰 분실로 연락처도 날아갔고, 그때도 '콜 포비아'라 얼굴 보고 얘기하고 싶은 마음뿐이었다. 그런데… 회사가 없어졌다. 어디 갔지? 한참 그 부근을 서성댔다. 왜지? 누나, 제대하면 꼭 찾아오라고 했잖아요…. 체념했다. 연이 끝나버렸구나. 그곳은 내게 그냥 회사가 아닌, 불안한 대학 1학년을 감싸줬던 공간이었다.

상심했지만, 대신 새로운 도피처를 마련했다. 자취를 하게 된 것이다. 발표 수업 같은 견딜 수 없는 수업이 생기면 자취방에 숨었다. 발표 울렁증은 군대를 갔다 와도 극복이 안 됐다. 학교 정문 앞에서 발걸음을 돌려 자취방으로 돌아오길 반복했고, 그렇게 동기들이 학교에서 강의에 열중하고 있을 시간, 나는 자취방에서 선아 누나의 커리큘럼을 이었다. 포토샵 다음은 본체인 프리미어 차례였다. 똑같이 책을 따라 하고 익혔다. 그런데 부족한 부분이 보였다. 당시 프리미어는 키프레임과 마스크 기능이 약해서, 애프터 이펙트의 필요성이 느껴진 거다. 그래서 또 책으로 뗐다. 그러니 이젠 프리미어가 오디오 편집이 약한 게 자꾸 눈에 밟혔다. 그래서 오디오 편집 툴로 괜찮았던 사운드 포지를 독학했다. 딱히 열심히 해야겠다는 생각에 한 건 아니었다. 그저 남들이 뭔가를 할 때, 나는 하고 싶은 다른 뭔가를 한 것뿐이었다. 정말 좋아하는 것만 하고 사는 한량이었다. 학교도 가는 둥 마는 둥 하고, 생애 첫 자취라는 자유를 만끽했다. 방 왼쪽 중고 TV에 투니버스 같은 만화 채널을 24시간 틀어놨고, 방 오른쪽 컴퓨터로는 라면 흡입하며 〈신세기 에반게리온〉, 〈그 남자 그 여자의 사정〉, 〈카우보이 비밥〉 같은 일본 애니메이션들을 봤다. 지금은 메이저지만 당시 〈페퍼톤스〉, 〈라이너스의 담요〉 같은 인디 음악과 〈Cymbals〉, 〈Lamp〉, 〈FPM〉 같은 일본 음악에도 빠졌다. 파일을 구하려고 종일 인터넷 검색을 하고, 없으면 독학했던 사운드 포지로 녹음해서, 내 MP3기기에 넣고 혼자 뿌듯해했다. 한 마디로, 남들이 공부할 때 영상 보다가 지치면 누워서 음악 듣는 놈팡이였다. 그런데 웃기게도, 그 1년의 시간이 나를 피디로 만들었다. 놈팡이 생활에 대한 정신승리겠지만, 아무리 생각해도 영상을 보는 것, 만드는 것, 취향, 스타일. 모두 그 시절, 9할은 완성됐다. 20년이 지난 지금까지 아웃풋을 낼 수 있는 건, 그때의 그 인풋들 덕분이다. 좋아하는 것만 쫓으며 하루하루를 의미 없이 죽이고 있는 거 아닌가 불안한 사람들이 있다면 말해주고 싶다. 아니라고. 잘하고 있는 건진 몰라도,

아니라고. 불안해할 시간에 좋아하는 거나 하나 더 하라고.

 한량 생활 중이었지만, 그래도 방송 관련 전공과목은 듣는 편이었다. 방송 제작 실무라는 강의가 있었는데, 팀별로 뉴스 영상 한 편을 만드는 게 최종 과제였다. 대여섯 명이 한 팀으로, 총 여섯 팀이 나왔고, 발표 울렁증 환자인 난 팀에서 촬영과 편집을 맡았다. 당시, 아버지가 일하시는 공사 현장에 촬영이 필요해서 가정용 JVC 6미리 카메라가 있었는데, 그걸 빌렸다. 그렇게 뉴스를 만들고 나니, 동기지만 말 섞어본 적 없는 아이들이 다가왔다.

 "영택아. 저기…."
 뭐지. 내 이름, 알고는 있었구나.
 "너 편집할 수 있다며?"

 그랬다. 동기들 대부분은 촬영과 편집을 해본 적이 없었다. 제출 기한이 다가오니 똥줄이 탄 거였다.

 "책 보고 해보려고 했는데, 봐도 뭔 소린지 모르겠어서…. 미안한데 시간 되면 좀 도와줄 수 있어?"
 그렇게 첫 부탁을 받았다.
 "아… 그래…. 촬영은 했어? 이따 우리 집에 올래?"

"고마워! 이 은혜 평생 갚을게! 집이 어딘데?"

"학교 앞에서 자취해."

"어? 진짜! 언제부터 자취했는데?"

갑자기 친근해진 동기 놈이 덧붙였다.

"진짜 고맙다. 뭐 필요한 거 없어? 사가지고 갈게."

"그럼… 맥주나 사와."

3학년이 돼서야 서로 전번을 교환하고 편집을 도와줬다. 그 후 내 자취방은 공용 편집실이 됐다. 편집 맛집이라고 소문이 났는지 다들 이재민 구호하는 것처럼 쌀이며, 라면이며, 맥주, 과자 따위를 손에 쥐고 왔다. 학교에 중고 카메라 2대는 다른 팀들이 빌려 가서 촬영도 못 했다며 발만 동동 구르고 있는 팀들은 아버지 캠코더로 촬영까지 해줬다. 호구였을지언정, 나름 혼자서 익혀왔던 게 쓸모 있다는 생각이 들어 좋았다. 다른 사람들이 날 필요로 한다는 게 나쁘지도 않았고. 그렇게 다른 팀 동기들의 뉴스 영상을 편집해 줬다. 성적이 나온 날, 강의실은 웅성거렸다. 내가 C-를 받은 것이다. 출석 일수 미달이었다. 역시 대학은 공정해. 내가 만들어 준 영상으로, 모두 A를 받은 동기들은 자기가 교수님께 말해보겠다는 녀석, 어떡해라는 녀석, 미안한 눈길을 보내는 녀석, 눈길을 피하는 녀석. 각양각색이었다. 하지만 액션을 취하는 녀석들은 아무도 없었고, 강의는 끝났고, 그 후로 내게 연락하는 녀석들 역시 아무도 없었다.

성적엔 별 관심 없었지만, 오히려 일은 잘못된 방향으로 흘렀다. A라고? 내가 만든 게 먹힌단 말이지…. 몹쓸 자신감이 차올랐다. 방송국 피디가 돼야겠어. 이놈의 대학 밖에서 진짜 영상 제작을 할 테다. 한때 북적거렸던 고독한 내 자취방에서 이제는 애니메이션이 아닌 방송국 피디가 되는 방법을 검색하기 시작했다. 그리고 '방송 아카데미'를 발견했다. 홈페이지를 살펴보니 두근거렸다. 몇 개월간 이어지는 피디 과정이 있었고, 카메라, 스튜디오 실습 사진들. 게다가 현직 피디들이 강사진이라니! 아카데미를 수료하고 방송국에 취업한 후기들까지 살펴보니 확신이 들었다.

'여기구나'

당시 나는 언론 고시 말고는 방송국 피디가 될 수 있는 루트를 전혀 몰랐다. 하지만 책상에 앉아 바늘구멍이라는 언론 고시를 준비하기엔, 내 열망은 너무나도 실무 쪽으로 타올랐다. 그렇다고 방송국에 연결해 줄 교수나 선배 같은 인맥도 없었다. 아카데미가 그런 인맥이 되어 준다니 멋지다. 하지만 그 인맥은 돈으로 사야 했다. 세상엔 공짜가 없다더니 수강료가 백만 원이 넘었다.

'돈을 벌어야 해'

겨울방학 3개월만 빡세게 일해서 수강료를 마련하자. 그날부터 아르바이트 자리를 찾기 시작했다. 빈약한 경력의 이력서로, 지원하고 퇴짜 맞기를 반복했다. 그러던 중 알바몬의 한 공고가 눈에 띄었다. 그건 주유소와 롯데리아 구인공고 사이에 있었다.

'MBC 〈뽀뽀뽀〉 FD 구인'

뭐지, 왜 이런 게 여기 있지. 그때만 해도 방송국은 뭔가 특별한 루트로 들어간다고 생각했다. 그런데 왜 이런 공고가 이질감 넘치게도, 주유소랑 롯데리아 사이에 껴있는 거지? FD는 피디가 아니라 그런가. 학교에서 FD는 플로어 디렉터라고 배웠는데, 촬영 날 스튜디오에서 잔심부름하는 주유소 알바급의 심부름꾼을 구하나 보다. 입대 전 아르바이트했던 촬영장에서의 경험을 떠올리며 생각했다. 뭐, 어때. 여기서 방학동안 번 돈으로 아카데미 가서 피디 과정을 밟아야겠다! 용기내 지원했고, 면접 일정이 잡혔고, 여의나루역에 내렸다. 탁트인 한강과 〈남자 셋 여자 셋〉을 만든 MBC가 눈에 들어왔다. 조금 설레왔다. 하지만 그 건물이 아니라 했다. 전달받은 주소는 MBC와 몇 블록 떨어져 있는 건물이었다. 엘리베이터에서 내려 안을 들어가니 넓은 사무실에 파티션으로 대여섯 공간이 나뉘어 있었고, 사람들이 있었다. 쭈뼛대며 〈뽀뽀뽀〉를 찾아왔다고 하니 누군가 안쪽을 가리켰다. 〈뽀뽀뽀〉 팀은 파티션 구역이 아닌 구석진 방을 쓰고 있었다. 노크하고, 문을 열고 - 피디인 줄 알았으나 조연출이었던 - 한 여자에게 면접을 봤다.

"영상 일은 해본 적 있어요?"
"입대 전에, 학교에서 근로학생으로 영상 제작업체에서 일했었습니다."
"휴학 가능해요?"
"네, 가능합니다…."

방학 동안만 일할 생각이지만 일단은 붙은 다음의 일이니까 거짓말했다. 방송국 첫 면접은 그렇게 10분도 안 돼서 끝났다. 그리고 그날 밤 문자가 왔다.

"영택 씨, 합격하셨고요. 월요일 오전 8시까지 오세요."

방송국에서 일하게 됐구나. 이른 약속시각이었지만 잠을 이룰 수가 없었다. 넓은 스튜디오에서 마이크를 손에 들고 '잠시 후 녹화 시작하겠으니, 정숙해 주세요'라든가, 농담으로 관객들의 분위기를 살리거나 하는 내 모습이 꼬리에 꼬리를 물고 상상됐다. 멋지면서도 '부끄러운데 어쩌지'란 생각에, 혼자 얼굴이 빨개지고 입이 씰룩거렸다. 하지만 딱 거기까지. 인생은 역시 실전이었다.

후일담

"방송 아카데미 가봤자 다시 여기 오는데, 뭐 하러 비싼 돈 내고 거길 가. 에이, 가지 마."

친해진 다른 팀 조연출이었던 정우 형의 말을 듣고, 결국 전 방송 아카데미 대신 휴학을 선택했습니다. 그리고 MBC 〈뽀뽀뽀〉에서 9개월 간 FD 생활을 이어갔습니다.

2.
도토리 찾기

아무래도 엿 됐다.

2005년, MBC 〈뽀뽀뽀〉 FD였던 나의 중요 업무 중 하나는 녹화 관련 의뢰였다. 녹화 전, 본사의 스튜디오와 인프라를 요청할 'TV 방송시설 배정 의뢰서'와 소품이나 의상을 요청할 '녹화 관련 의뢰서'를 작성해 본사에 전달해야 했다. 그중 백미는 '녹화 관련 의뢰서'였다. 다른 프로그램과 달리 〈뽀뽀뽀〉는 연기, 춤, 노래, 인형극이 합쳐진 진정한 종합예술 프로그램이었다. 한 편만해도 준비할 게 많았는데, 2주 치 6편을 하루에 녹화했다. 그래서 의뢰할 소품도 수십 개, 의상도 수십 벌이었다. 당시 나는, 조연출과의 트러블로 모든 일에 완벽을 기했다. 단 하나의 구멍으로 무너지는 댐처럼, 단 하나의 실수로 책잡히게 된다. 신중만이 살길이다. 200페이지가 넘어가는 대본을 한 장 한 장 넘기며, 수능 답안지 마킹하듯 '녹화 관련 의뢰서'를 작성해 나갔다.

'녹화 관련 의뢰서'는 소도구, 장신구, 조리실, 분장, 세트. 다섯 섹션으로 나뉘었다. 대본을 보고 필요하다 싶은 것들을 각각의 섹션에 맞게 분류해서 작성한 후, 각각의 팀에 의뢰해야 했다. 그들은 〈뽀뽀뽀〉 말고도 드라마 등, MBC에서 제작되는 모든 프로그램을 지원했다.

소도구 팀엔 일반적인 소품을 의뢰했다. 제품이나 물건, 강아지나 병아리처럼 살아있는 동물들도 포함됐다(식물은 희한하게 본사의 '화원' 같은 곳에서 담당했다). 그들은 능력자였다. 못 구하는 게 없었다. 소품실에 없는 건 내게 구매를 물었는데, OK 하면 전국을 뒤져 무엇이든 준비해 주셨다.

의상 팀엔 의상과 액세서리를 의뢰했다. 그곳엔 사극에 나오는 한복부터 유럽 중세 시대 옷까지 없는 게 없었다. 그 옷들을 출연자 사이즈에 맞게 가봉까지 했는데, 이곳 역시 의상실에 없는 건 직접 제작을 했다.

조리실엔 음식과 식자재를 의뢰했다. 직접 만들거나 구매했고, 케이크 같은 것엔 요청한 레터링까지 예술로 해주셨다. 요리사라기 보단 요리 연구가였는데, 아이들이 차가운 음식을 먹지 않도록, 늘 녹화 시간에 맞춰 따끈따끈하게 준비해 주셨다.

분장 팀엔 출연자의 헤어와 메이크업, 가발을 의뢰했다. 간혹 특수한 메이크업이나 가발이 필요할 땐 팀장님과 상의했다. 어떤 가발 제작엔 몇 주의 시간이 걸리기도 했는데, 팀원들이 밤새 만드셨다는 얘기도 들었다. 감사합니다.

세트 팀엔 특별히 필요한 세트 배경이나 크로마키 세트 도색을 의뢰했다. 한 번 설치된 메인 세트는 거의 매번 같았기 때문에, 따로 의뢰하지 않아도 녹화일이 되면 세트가 세워졌다. 여의도 본사 1층의 스튜디오는 4개였고 프로그램은 많아서, 그분들은 세트 세웠다 부수기를 매번 반복했다. 어쨌든, '녹화 관련 의뢰서'는 0.3mm 하이테크C 펜으로 적어도, 늘 칸을 넘겼다. 검토하고 또 검토했지만, 그날, 그 녹화는 마가 꼈다.

그 녹화는 의뢰부터 고난이었다. 유독 준비할 게 많았다. 본사 의뢰서 제출 데드라인은 오후 6시였고, 의뢰서 작성을 마치니 5시 20분이었다. 괜찮아. 할 수 있어. 우선 1층에 있는 팀들을 돌고 지하로 가자. 머릿속에 동선을 짜고 1층에서의 의뢰를 마쳤다.

현재 시각, 5시 40분. 남은 건 지하에 있는 분장 팀과 의상 팀이었다. 여기서부턴 정신 똑바로 차려야 해. 여의도 MBC 지하는 미궁이었다. FD 초창기에 수없이 길을 잃었다. 방송국 건물은 테러에 대비해 의도적으로 미로에 가깝게 설계한다는 사실을 나중에 알았다. 어쨌든, 아직도 내비가 없으면 길을 못 찾는 길치라서, 그날도 긴장했다. 6시까진 아직 20분 남았어. 괜찮아. 분장 팀부터 가자. 분장 팀에서의 의뢰를 마친 시각은 5시 50분. 그리고 난 또 길을 잃었다. 15분을 헤맸다. 어떤 문으로 들어가면 다시 1층이 나왔고, 어떤 문으로 들어가면 세트 팀원들이 슬렁슬렁 톱질을 하고 있었다. 지하는 이상한 나라였고, 난 그 나라의 앨리스였다. 데드라인 6시를 5분 넘겨 의뢰서를 내밀었고, 의상팀장님은 단호했다.

"안 돼요."
"팀장님. 정말 죄송해요. 길을 잃었어요."
"그럼 빨리 오지 그랬어요."

그날은 금요일이었고, 녹화는 다음 주 월요일이다. 어떻게든 의뢰를 부러뜨려야 한다. 자판기에서 레쓰비를 뽑아 들고, 마음을 굳게 먹고 다시 의상팀장님을 찾았다. 그리고 말했다.

"아~ 팀장니임~ 한 번만요~ 네?"

팀장님께 몹쓸 애교를 시전했다. 스물다섯 살, 그때의 나는 가능했다. 거칠 것 없이 새끼줄처럼 온몸을 배배 꼬아댔다. 팀장님은 질끈 눈을 감으셨고 결국, 레쓰비와 의뢰서를 받아 들었다.

"한 번 만이에요! 다음엔 안 돼요!"

모든 팀의 의뢰가 끝났다. 이번 주도 길었다. 다음 주도 무사히. 하지만 다음 주 녹화일은 그렇지 못했다.

"어? 도토리 어디 갔어요?"

오전 10시, 소품팀 직원분이 끌고 온 카트에 도토리 다섯 알이 없었다. 소품팀 직원분은 의뢰서를 보여주며 말했다.

"도토리요? 의뢰서에 없던데요?"

급하게 의뢰서를 확인했다. 아뿔싸. 빽빽한 의뢰서에 '도토리 다섯 알'이란 글자는 어디에도 없다. 대역죄를 저질렀다. 도토리 다섯 알이 없어 녹화가 딜레이 된다. 나 하나 때문에, 50명의 스태프가 늦게 퇴근한다. 현재 시각 10시 30분. 녹화는 13시 30분. 다른 준비 시간을 빼면, 내겐 2시간 30분의 여유가 있다. 도토리를 구해야 해.

도토리, 너는 어디에.

도토리는 싸이월드에서나 샀지, 생전 사본 적도 없다. 도시 남자인 난 도토리가 언제 나는지도 잘 몰랐다. 밤이 가을에 나니까 도토리도 가을 아닌가? 지금은 겨울인데 도토리를 어디서 구하지? 후보지는 두 군데로 좁혀졌다. 약재로 유명한 경동시장, 그리고 여의도와 가까운 영등포 시장. 여의도에서 경동시장까지 왕복 최소 한 시간. 경동시장엔 없는 게 없다니까 도토리가 있겠지? 그런데 그 넓은 데서 어떻게 찾지? 없으면? 그럼 다른 대안을 찾을 시간도 없다. 경동시장보다 작지만 그래도 가깝고 알찬 영등포 시장. 그래, 너로 정했다. 택시를 타고 영등포 시장으로 날아갔다. 도착 시간 11시 40분. 아직 2시간 남았다. 시장 바닥을 뛰댕기며 도토리 팔 만한 가게들을 뒤졌다.

"사장님, 여기 도토리 팔아요?"
"네? 도토리는 없고, 도토리 가루는 있는데."
"안녕히 계세요!"

겨울에 난 땀이 온몸에 김을 냈다. 하지만 여기도, 저기도, 거기도, 도토리는 없었다. 있어도 도토리 가루였다. 왜 멀쩡한 도토리를 다 아작 내놓은 거야! 이렇게 헤맨 지도 1시간이 다 되었다. 점점 포기 상태가 됐고, 걷기 시작했고, 마지막으로 물었다.

"사장님. 도토리 있어요?"

"겨울에 무슨 도토리예요~ 있어도 다들 묵 해 먹으려고 가루로 만들지~ 도토리 가루는 있는데 드려?"

현재 시각 13시. 아무래도 엿 됐다. 그것이 내가 내린 결론이다. 나는 엿 됐다.

고해성사의 시간이다. 스튜디오로 복귀한 난, 피디님 앞에 섰다. 그리고 고개를 푹 숙인 채 실토했다.

"피디님. 제가 도토리 다섯 알을… 의뢰서에서 빠뜨렸습니다. 방금 시장도 가봤는데 도토리 가루밖에 없어서…."

녹화가 3분만 딜레이 돼도 역정을 내시는 분이니 대노하시겠지. 하지만 오늘은 어떤 벌이라도 달게 받으리. 피디님이 말했다.

"그래? 그럼 인형극 팀한테 도토리 좀 만들어 달라고 전해 줄래?"

그리고 인형극 팀은 샤샤삭 스펀지를 깎아 도토리를 만들었다. 맙소사. 대수롭지 않아 했던 피디님의 표정과, 시장에서의 뜀박질과, 내 손 위에 놓인 앙증맞은 스펀지 도토리 다섯 알이 교차했다. 이렇게나 간단한 일이었다. 진즉 알렸으면 됐을 것을, 난 무얼 위해 그토록 고뇌하며 달렸던가.

이후, 난 변했다. 해볼 때까지 해봐도 안 되는 건 포기하자. 실제로 자료화면으로 쓰일 '서서 조는 말'을 찾다 찾다 못 찾아 얘기하면, 작가님은 대본을 바꿔줬다. '버스 바퀴' 타이트 샷을 못 찾았을 땐, 피디님은 그냥 나가서 찍어오랬다. 너무도 간단히 문제가 풀리는 경험을 많이 했다. 두려워도 말해야 한다. 나만 엿 되면 괜찮은데, 전체가 엿 될 수 있다. 공동 작업이 태반인 방송 바닥에선 특히 그렇다. 본인까지 엿 되는 걸 피하기 위해서라도 누군가는 반드시 돕는다. 그게 팀이다.

3.
자해 공감단

FD 9개월째, 조연출이 됐다.

〈뽀뽀뽀〉와는 완전 성격이 다른 MBC 〈TV 완전정복〉팀에 들어갔다. 그 프로그램은 MBC 편성국에서, 방영 중인 MBC 프로그램을 홍보하려고 기획한 MBC TV 가이드 프로그램이었다. MBC 프로그램을 활용한 자료 구성물 코너와 야외촬영 구성물 코너를 스튜디오 녹화와 버무려 만들어냈다. 그곳에서 성 피디님이란 30대 남자를 만났다. 선임 조연출이 나가며 이분이 나의 사수라고 소개해줬다. 감개무량. 나에게도 사수란 게 생기다니.

"안녕하세요."
"응. 잘해보자."

따뜻한 미소를 가진 그는 훈남이었다. 키도 크고, 얼굴도 잘생겼고, 스타일도 좋았다. 그렇지만 가장 특이했던 건, 온몸

에 넘쳐흐르는 여유였다. 피디 특유의 '찌듦'이 없었다. 예술
가의 아우라가, 백라이트처럼 주위를 밝혔다. 이 팀은 피디가
두 명인데, 메인 피디님은 정직원이고, 성 피디님은 프리랜
서였다. 직원이 아닌 피디는 그때 처음 봤다. 그런데도 정직
원 피디님들의 인정과 신임을 한몸에 받았다. 알고 보니 메인
피디님과 성 피디님은, 내가 학창 시절 즐겨보던 MBC 〈박상
원의 아름다운 TV 얼굴〉을 함께 했다고 했다. 그리고 성 피
디님이 코너 중 하나인 〈셀프카메라〉를 만들었다고도 했다.
와… 정말 대단하신 분이 내 사수가 됐다. 곁에 붙어서 착실
히 배우리라! 굳은 다짐을 하고… 나는 방치됐다.

성 피디님은 바쁘셨다. 사무실에 오질 않았다. 개인사업자
를 내고 활동하시는 모양이었다. 그리고 나는 성 피디님의 사
업체에 소속된 모양이었다. 며칠 후 급여 날, 통장에 모르는
상호로 돈이 들어왔다.

"저, 이 상호가 뭔지 아세요?"
"응? 성 피디님 업체야. 너 거기 통해서 돈 나가잖아."
"!!!"

나도 모르는 사이에, 난 그분 직원이 됐다. 그리고 〈TV 완전
정복〉팀의 모든 사람이, 나를 들볶기 시작했다.

"성 피디님, 언제 사무실 오세요? 촬영 얘기해야 되는데?"

작가님들이 닦달했다.

"성 피디, 어디래? 내일 종편 날이잖아, 가편은 다 된 거야?"

메인 피디님이 닦달했다.

"??? 아니, 저도 잘 모르겠…."

"영택 씨, 거기 직원 아니에요? 영택 씨가 모르면 누가 알아요, 그걸!"

어쩌지. 저도 만난 지 며칠 안 돼서 그분 잘 모른다고요. 하지만 언제나 그런 말을 못 하던 나는, 그저 성 피디님의 전화번호를 누를 뿐이었다. 그리고 그분은 낮에는 전화를 거의 받지 않으셨다. 그 모습을 확인해야 모든 이의 닦달이 멈췄다. 성 피디님의 전화는 늘, 들볶던 사람들이 모두 퇴근한 밤이 되어서야 왔다.

"응, 전화했었구나?"

그 목소리는 언제나 부드럽고 여유로웠다.

"!!!"

"편집실 좀 있니? 한 시간 후에 갈게. 편집실 좀 맡아줄래?"

성 피디님이 안 계신 동안에도 맡은 일을 끝내느라 이틀째 집에 못 들어간 나는, 그렇게 그날도 집에 가길 포기했다. 성 피디님의 편집 준비를 마치고, 편집실을 맡아 대기 탔다. 한 시간 후에 온다던 그분은 늘 두세 시간 후에 오셨다.

"아직 있었구나?"

3일 만에 처음 뵌 성 피디님은 여전히 따뜻한 미소를 짓고 계셨다. 이분은 천성이 그랬다. 후에 성 피디님과 일하면서, 단 한 번도 누군가에게 화를 내거나 얼굴 찌푸리는 모습을 보지 못했다. 내게도 마찬가지였다. 갈굼이 없었다. 그리고 집에 가란 말도 없었다. 그렇게 가편을 하시는 날엔, 부사수로서 성 피디님 뒤에 앉아있었다. 성 피디님은 가끔 '커피 좀 타줄래?'란 말을 제외하고 한마디도 하지 않았다. 가르침 없는 편집실은 조용했다. 그때쯤엔 나도 밤을 하루 이틀 정도 새운 상태라 잠이 쏟아졌다. 어떻게 편집하시는지 보는 것도 공부지만, 눈은 무거웠다.

"세수 좀 하고 오겠습니다."
"응~ 그래~"
"담배 좀 한 대 피우고 오겠습니다."
"응~ 그래~"

한마디도 안 할 거면 대체 왜 집에 가란 말조차 없는가? 졸려서 눈에 뵈는 게 없는데, 내일 맑은 정신으로 편집본을 뜯어보는 게 더 낫지 않을까? 의자에 앉아 꾸벅꾸벅 졸다 몹쓸 아이디어가 떠올랐다. 떨어지자! 졸다가 의자에서 떨어지는 거야! 그럼 가서 좀 자라고 하시겠지! 군대에서 4km 아침 구보를 하던 이등병 때 생각했다. 저 수로에 빠져 굴러 다리라도 부러지면 당분간 구보에서 열외 할 수 있겠지. 하지만 하지 않았다. 이번만큼은 실행에 옮기자.

우당탕탕!

성 피디님은 고개를 돌렸고, 씨익 웃고, 다시 편집을 이어갔다. 그렇게 졸리면 눈 좀 붙이란 기대했던 반응도 없었다. 뻘쭘하게 일어나 다시 의자에 앉아 아침을 맞이했다. 몇 년 후, 다시 성 피디님과 일하면서 알게 됐는데, 성 피디님은 그냥 자고 오겠다고 해도 "응~ 그래~" 하시는 분이었다. 그때는 왜 그랬는지, 피디라는 사람들에게 그런 말 할 엄두를 못 냈다. 나만 소심해서 그랬을 수도 있고. 못났다. 못났어. 모두들 어찌해야 할지 모르겠을 때, 혼자 판단하고 결정해서 나처럼 바보 같은 행동은 안 했으면 좋겠다. 세상일은 말이든 행동이든, 일단 표현하면 원하는 방향으로 흘러가는 때도 많더라. 나도 그랬으면 꿀잠 잤을 텐데.

방치됐던 나를 챙겨준 건, 〈TV 완전정복〉팀의 또 다른 조연출 형이었다. 피디도 두 명이었고, 조연출도 나 포함 두 명이었는데, 그 형은 언론 고시를 뚫은 정직원이었다. 조연출 형과 누나들이 모두 재미있었지만, 이 형만큼 웃기는 사람은 없었다. 개그맨처럼 웃긴 게 아니었다. 말을 정말 잘했다. 빠져들었다. 한마디 한마디가 모두 위트가 넘치고 주옥같았다. 이것이 배운 분의 개그인가. 성 피디님처럼 이 형도 여유가 흘러넘쳤고, 매번 내게 말했다.

"영택아, 산책이나 가자."

가을이었고, 낙엽도 쌓여갔고, 여의도 길바닥에 떨어진 은행을 피해 가며 많은 얘기를 나눴다. 그 형 얘기를 듣고 있으면 시간 가는 줄 몰랐다. 그리고 리프레시가 됐다. 형은 시트콤과 드라마를 하고 싶어서 피디가 됐다고 했다. 방송사 최종 면접에서는 싸이의 '연예인' 노래를 부르며 춤췄다고도 했다. '그대의 연예인이 되어 항상 즐겁게 해 줄게요'라는 가사를 'MBC의 피디가 되어 항상 즐겁게 해 줄게요'라는 식으로 개사해서 불렀다고 했다. 와…. 이 정도는 해야 정직원 되는구나. 그리고 늘 내게 말했다.

"영택아, 학교 다시 가라. 여기서 뭐 하니. 토익 해서 언론 고시 봐라."

"형, 근데 전 별로 언론 고시 생각이 없어요."

"아휴…. 쯧쯧쯧."

따뜻한 조언은 물론이고, 배고픈 나에게 늘 회사 앞 포장마차의 따뜻한 떡볶이와 붕어빵도 사줬다. 그리고 그날도 포장마차에서 말했다.

"영택아, 너만 알고 있어. 형 KBS 간다."

"!!! 진짜요?!"

"응, 경력 피디로 붙었어. 너만 알고 있어. 그리고 학교 가라."

그 말을 남기고 떠나 KBS 본사 피디가 된 형은 〈스펀지〉를 하게 됐다고 들었고, 당시 최고 인기였던 〈1박 2일〉에서도 얼굴을 볼 수 있었다. 몇 년 후엔 이적했다던 CJ tvN에 그 형이 만든 드라마가 나왔다. 드라마 감독이 되고 만다더니 정말 되고 말았어! 극내향형 인간의 대인관계가 흔히 그렇듯 내가 연락하지 않아 연이 끊겼지만, 너무 기뻤다. 정말 멋있다. 진짜 대단한 형이야!

돌이켜보면, 성 피디님과 조연출 형에게 부러웠던 것, 배우고 싶은 것, 닮고 싶었던 건, 제작 능력보다도 그 여유였다. 모두가 바쁘고 지쳐있는 와중에도 그분들의 시간은 다르게 흐른다. 그런 건, 그런 '척' 흉내 낼 수 있는 게 아니었다. 조연출 형이 떠난 후에도, 난 여유란 1도 찾을 수 없는 생활을 이어갔다.

4.
짜고 치는 고스톱

시청률 49.7%

2006년, 대한민국 사람 절반이 MBC 〈주몽〉을 봤다. 대단했다. 덕분에 MBC 콘텐츠 홍보 프로그램인 〈TV 완전정복〉 조연출이던 나도, 〈주몽〉 취재를 위해 홀로 〈주몽〉의 나주 촬영장을 서너 번 다녀왔다. 어쨌든 〈주몽〉 신드롬은 계속됐는데, 그에 발맞춰 우리 프로그램의 CP님은 종종 희한한 아이디어들을 던졌다.

"명동 한복판에서 〈주몽〉 성대모사 콘테스트 같은 거 하면 어때요? 〈주몽〉 출연자들이 나와서 심사해 주시면, 사람들도 좋아할 텐데요. 오연수 씨나 허준호 씨는 급이 있으셔서 안 될 것 같고, 송일국 씨나 한혜진 씨는 신인이니까 괜찮지 않겠어요? 우리도 좋고 〈주몽〉 팀도 홍보되니까 좋을 것 같은데요."

"네?"

죄송한 말이지만, 그분은 세상 물정을 몰라도 너무 모르셨다. 아직도 피디가 까라면 까는 격동의 80~90년대를 사시나보다. 한창 대장주인 〈주몽〉의 히어로, 송일국 님, 한혜진 님을 한가하게 명동 바닥에 앉혀놓고 '합격의 딩동댕' 실로폰을 치게 하라니…. 토요일 아침 8시에 방영하는 보잘것없는 우리 프로그램이 시청률 49.7%의 〈주몽〉을 홍보해 주겠다니…. 본사에서 나온 메인 피디님은 MBC 정문 앞 길거리에서 분통을 터뜨렸다.

"야, 이게 말이나 되는 소리냐?"

'〈주몽〉 따라잡기 콘테스트'

다음 주, 난 한 동네 찜질방의 현관에 '〈주몽〉 따라잡기 콘테스트'라고 적힌 기다란 현수막을 달고 있었다. 너무 부끄러워서 콘테스트 전날 밤, 야음을 틈타 대롱대롱 현수막을 매달고 튀었다. 함께 그 짓을 도와줬던 정우 형, 감사합니다.

말도 안 되는 소리였지만 어쨌든 본사 CP의 말을 무시할 수는 없어서, 메인 피디님은 액션을 취한 것이었다. 대신 장소는 명동이 아닌 할렘가의 이름 모를 찜질방으로 바꿔었다. 그리고 우리 제작진 역시 모두가 부끄러웠는지 콘테스트 프로젝트를 내게 일임했다. 훌륭한 팀워크야…. 그래도, 메인 피디님은 한 대학교의 개그 동아리를 섭외해 붙여줬다. 그들이 현장에서 바람잡이 역할을 하면 사람들이 참여할 거라고, 대신 다른 제작진들은 그날 못 가니까 잘하고 오라며 무의미한 응원도 날려주셨다.

'다섯 명!'

콘테스트 당일, 찜질방의 손님은 정확히 다섯 명이었다. 토요일 밤인데 이럴 수가 있나?! 찜질방 사장님도 '오늘은 이상하게 손님이 적네요….'란 말과 함께, 씁쓸히 카운터로 퇴장했다. 손님은 5명, 지원 나온 개그 동아리는 10명. 배보다 배꼽이 두 배 큰 상태에서, 콘테스트가 시작됐다. 개그 동아리 회장이 의연히 무대로 나와 외쳤다.

"주몽 왕자님~!"

뜬금없는 모팔모의 성대모사에 놀란 다섯 명의 찜 손님들 중, 몇 분이 기웃기웃 오셨다가 가버리셨다. 나머지 몇 분은 모아이 석상 마냥 미동조차 없었다. 낭패다. 하지만 무대에 올라선 개그 동아리 회장은 흔들리지 않았다. 복식호흡으로

기를 모아, 사자후를 내뱉었다.

"주몽 왕자니임~~~!!!"

애절했다. 이 이름 모를 찜질방에서 그가 애타게 찾는 건 손님들인가, 주몽 왕자님인가. 하여튼 아무도 오지 않았다. 찜질방 옷을 입고, 수건으로 양머리를 만들어 쓴 대학교 개그 동아리 분들은, 서로가 돌아가며 출연자와 관객 노릇을 했다. 막대기를 비벼 기필코 불을 지피려는 원시인처럼, 그들은 애썼지만 불은 타오르지 않았다. 그곳은 정신과 시간의 찜질방이었다. 영겁의 한 시간이 지날 무렵, 레퍼토리마저 떨어져 갔고, 관객 역의 억지 박장대소도 점점 힘을 잃었으며, 그나마 다섯 명 있던 손님들마저 귀가했다. 이제 그만. 됐어. 제발 그만해. 최선을 다했어…. 콧잔등이 시큰거려 컷을 외쳤다. 더 이상 물 흐르듯 자연스레 흘러 1등을 가려낼 콘테스트가 아니었다. 그건 그냥 짜고 치는 콩트였다. 그래서 컷을 외쳤다.

"고생하셨어요…. 여기까지 하시죠."
"아…. 피디님, 괜찮을까요…? 방송 나갈 수 있을까요?"

개그 동아리 회장은 마지막까지 방송을 우려했고, 우려는 현실이 됐다. 한 시간에 걸친 그들의 노력은 〈주몽〉을 사랑

하는 시청자들, 명대사·명연기 따라잡기'라는 1분의 쿠키 영
상이 됐다. 그래도… 내가 봤어! 그대들은 진정 프로였어! 내
가 봤어….

　이런 짜고 치는 고스톱은, 사람들이 방송에 대해 생각하
는 것처럼 매번 일어나진 않았지만, 종종 일어났다. 2010년,
MBC 〈성공의 비밀〉에서 한 선배 피디는 모든 걸 드라마 찍
듯 했다. 한 번은 한 기업의 실제 회식을 촬영해야 했다. 회식
중 회장님이 깜짝 참석해, 놀란 직원들과 격의 없는 대화를
나누며, 훈훈하게 분위기를 리드하는 내용이었다. 담아내야
할 키포인트는 회장님의 깜짝 방문, 놀란 직원들의 모습, 따
뜻하고 즐거운 회식. 딱 이 세 개였다. 우리의 계획대로 회장
님이 몰래 등장했고, 당연히 직원들은 놀랐고, 박수 쳤다. 좋
아. 흐름 좋아. 이대로 회장님이 가운데 자리에 앉으시면….

　"컷! 뒤집어서 가실게요!"

　선배가 컷을 외쳤고, 직원들의 박수가 끊겼다. 뒤집어서 간다
는 건, 회장님의 뒷모습을 따라가던 카메라가 이젠 앞모습을
찍겠다는 것이다. 멀뚱히 서계시던 회장님께 선배가 말했다.

"회장님, 다시 한번 들어와 주시고, 직원분들은 다시 박수 치실게요. 지금은 박수만 쳐주셔도 돼요. 놀란 표정은 클로즈 업으로 다시 딸 거예요."

맙소사. 이 선배가 흐름 다 작살냈네. 그렇게 영문도 모르고, 회장님은 네 번을 들어오셨고, 직원들은 네 번을 박수 쳤다. 이 인텔리들이 갑자기 죄다 멍청이가 됐다. 이젠 어색해진 이 분위기를, 억지로라도 훈훈하게 덥혀 찍어야 할 시간이다. 기업의 홍보팀장님이 분위기를 띄우려 외쳤다.

"자! 자! 방송 다 이런 거지~ 다들 방송 한 번도 안 해봤나 봐? 하하."

다 그런 거 아니에요. 팀장님…. 이 자리를 빌려 선배 대신 심심한 사과 말씀 올립니다.

짜고 치는 고스톱의 절정은 2014년, MBC플러스 〈에일리& 엠버의 어느 멋진 날〉에서 일어났다. 연출팀과 작가팀, 우린 모든 준비를 마치고 촬영만을 남겨뒀다. 이런 우리에게 메인 피디가 희소식을 가져왔다.

"저희 PPL 받았어요. 제주도에서 음식과 숙소, 모두 제공받기로 했습니다."

야~ 이분, 일 좀 하시는구나. 든든하다. 치하받은 메인 피디가 의기양양해져 덧붙였다.

"대신 이분들 출연하시기로 했거든요. 이분들 나올 구다리 좀 만들어 놓으세요."
"네?!"

메인 작가님과 난 아연실색했다. 희소식이 아닌 폭탄을 던졌다. 제품 PPL도 아니고 출연이라고? 그것도 에일리 님과 엠버 님 절친 여행에 뜬금포로 출연이라고?! 스토리 다 어그러지는데 도대체 어디다 어떻게 껴 넣으라고? 메인 작가님과 난 반발했고 설득했지만, 언짢아진 메인 피디는 '부탁이 아닌 오더'란 말을 남기고 자리를 떴다. 지금 같으면 그냥 대놓고 CF 찍어주고 말았을 텐데, 그때 PPL은 자연스레 스토리에 녹아들어야 했다. 작가님과 머리를 싸맸지만 해결책은 떠오르지 않았고, 그렇게 제주도로 촬영을 떠났다. 하지만 결국, 그들을 출연시켜야 할 날이 왔다. 야… 이거 안 되겠다. 짜고 쳐야겠다…. 에일리 님과 엠버 님 소속사에 상황을 말씀드렸고, 다행히 흔쾌히 받아들여주셨다.

숙소를 제공한 관계자는 에일리 님의 팬으로, 그들의 제주도 여행을 몰래 지원해 준 키다리 아저씨로 설정됐다. 음식을 제공한 관계자는 제주도 학생들에게 즐거움을 줘서 고맙다며 늦은 밤 굳이 출연자들을 찾아온, 제주도 학생들의 대표로 설정됐다. 그리고 에일리 님과 엠버 님은 최선을 다해 연기했다. 난 촬영장에서도 편집실에서도 지붕 뚫을 자괴감을 견디며 잘 된 밥에 코를 빠뜨리다, 어깨 통증으로 응급실 문을 두드렸다. 제가 능력이 부족해서, 돼먹지 못한 연출을 했습니다. 에일리 님과 엠버 님에게도 이 자리를 빌려 진심으로 사죄드립니다.

5.
여배우의 초코파이

6미리 좀 배워라.

〈셀프카메라〉의 창시자, 성 피디님이 말씀하셨다. 물론 가르쳐주진 않았다. 다음 야외촬영부터 서브 카메라로 투입될 거라며 준 미션이었다. 당시 제작사에는 ENG 촬영감독님들로 구성된 영상기술부가 있었는데, 점차 서브 촬영용으로 6미리 캠코더가 많이 쓰였다. 그리고 회사에 있는 SONY PD-150이라는 6미리 캠코더는 연출부가 찍었다. 발등에 불이 떨어졌지만, 내겐 인프라가 있었다. 급하게 6미리 촬영을 할 줄 아는 다른 팀 조연출 형에게 배웠고, 어느새 나도 모르게 〈TV 완전정복〉 6미리 담당이 돼버렸다.

MBC 〈TV 완전정복〉의 MC는 개그맨 이윤석 님이었다. 윤석 님은 MBC 〈느낌표〉에도 출연하셔서, 〈느낌표〉의 〈산 넘고! 물 건너!)라는 촬영 현장을 찍게 됐다. 이번엔 전라남도 완도의 섬마을에 의료봉사를 하러 간다고 했다. '완도라니, 멀구나' 심란한 와중에, 메인 피디님이 폭탄을 던졌다.

"영택, 너 이번엔 윤석 씨 차 타고 가라."
"!!!"

그렇게 일곱 시간을, 매니저, 스타일리스트까지 함께 탄 이윤석 님 차에 실려 완도까지 갔다. 긴 시간, 무슨 말을 해야 할지 난감했지만, 다행히 윤석 님은 말씀이 별로 없으셨다. 한약을 꺼내 드셨고, 계속 책을 읽으셨다. 스태프들도 익숙한지 얘기를 나누다가 하나둘 잠에 빠졌다. 그리고 나도 잠이 들었다. 하지만 자도 자도 완도엔 도착하지 않았고, 이동 장면을 찍기 위해 6미리를 챙겨 창밖을 촬영했다. 마무리할 때쯤 윤석 님이 따뜻하게 말을 건넸다.

"영택 씨라고 했나요? 혼자서 힘들지 않아요?"
"아, 네네! 괜찮아요…. 고맙습니다. 태워주셔서요."
"아휴, 아니에요. 제가 고맙죠, 뭘. 좀 쉬세요."
그리고 윤석 님은 다시 책을 읽었다.

대화는 짧았지만 윤석 님의 말 덕분인지, 차 안은 내게 더 이상 낯설지 않았다. 해 뜰 때쯤 완도에 도착해서 〈느낌표〉 촬영이 시작됐다. 윤석 님과 배우 이영아 님이 출연했다. 완도 근처의 어떤 섬으로 이동하는 배를 함께 탔는데 그리 큰 배가아니었다. 〈느낌표〉 팀도 아닌데 좁은 실내에 같이 있는 게 어색하고 미안해서, 바다를 찍는다는 핑계로 밖을 나왔다. 그런데 작은 배라 그런지, 파도가 치니 배에 다 들어왔다. 행여나 6미리에 물이라도 들어갈까 봐 점퍼 속에 숨기고 바다를 등졌다. 섬에 내릴 때쯤엔 물에 빠진 쥐처럼 옷이 다 젖어버렸다. 1월이었고, 옷까지 젖으니 더 추웠다. 스태프들이 슬쩍슬쩍 보고 지나갔지만 그 꼴로 촬영을 계속할 수밖에 없었다.

완도의 작은 섬 주민들은 TV에서 본 연예인들이 의사들과 함께 의료봉사를 오니, 마을 잔치를 해주셨다. 점심 식사로 보쌈 등을 준비하셔서 대접했다. 윤석 님은 영택 씨도 먹고하시라고 했지만, 난 그들이 식사하는 모습과 마을 사람들도 찍어야 했기에 밥도 먹는 둥 마는 둥 했다. 점심 식사 후에도 〈느낌표〉 촬영은 계속됐고, 내 촬영도 계속됐고, 쉬는 시간이 생겨서 나도 카메라를 내려놓고 멀찍이 떨어져 잠시 쉬고 있었다.

"저기요!"
"네??!!!"
고개를 돌리니 배우 이영아 님이 있었다.

"저, 이거라도 드세요. 아까도 별로 못 드시던 것 같던데…."

영아 님이 초코파이를 건넸다.

"아! …. 예, 예…. 감사합니다…."

그리고 그녀는 주먹을 쥐고, 작게 파이팅을 하고, 씽긋 웃고, 다시 촬영장으로 돌아가 촬영을 시작했다.

천사다….

밤까지 촬영을 마친 〈느낌표〉는 다음 날도 촬영을 이어가지만, 난 편집을 위해 서울로 올라가야 했다. 마침 서울에 미리 올라간다는 〈느낌표〉의 조명 스태프들이 있어서, 그 차를 얻어 탔다. 자리가 없어서, 장비들이 실린 뒷좌석 바닥에 자리를 잡고 앉았다. 그렇게 올라오는 차 안에서, 먹지 못하고 점퍼 주머니에 넣어놨던, 영아 님이 준 초코파이를 꺼내 먹었다. 울컥했다. 사실 그때쯤 '모두를 귀찮게 하는 민폐 방송을 하고 있는 게 아닐까'란 고민을 하고 있던 참이었다. 내 일 한다고, 그들의 쉴 시간마저 뺏는 것 같아 미안했고, 억지 부탁으로, 그들을 곤란하게 만드는 것 같았다. 그런데 여느 때와 다를 바 없을 것 같았던 작은 섬에서의 촬영으로 새삼 깨달았다. 세상, 아직 살만하구나!

고마웠던 분들을 덧붙이고 싶다.

드라마 〈누나〉 촬영장에서 만났던 송윤아 님. 6미리를 들고 처음으로 혼자 나갔던 인터뷰였습니다. 아름다운 모습을 뵙자마자 외웠던 질문들을 버벅거렸고, 했던 질문들을 또 하고, 하려던 질문들이 이리저리 엉켜 어쩔 줄 몰랐습니다. 그때마다 따뜻하게 미소 지어 주시고, 기다려 주셔서 감사했습니다. 덕분에 이후 인터뷰들에도 용기가 생겼습니다. 감사합니다.

〈놀러와〉 촬영장에서 만났던 유재석 님. 긴 시간 열정적인 녹화로, 말씀을 저렇게 많이 하시니 힘드시겠다는 생각에 촬영장 앞에서 인터뷰를 망설였습니다. 그런 저를 발견하고, "지금은 시간이 안 되지만, 어떻게든 인터뷰해 드리겠다"라고 말씀하셨고, 정말 인터뷰를 해주셨습니다. 거기서 끝이 아니라, 다른 출연자분들에게도 인터뷰를 부탁해 주셨습니다. 당시에도 〈무한도전〉을 비롯해서 여러 프로그램을 진행하시는 일인자였는데, 저는 식구가 아닌 다른 팀 사람인데도 챙겨주시는 모습을 보고 감동했습니다. 덕분에 늘 깨지기만 했던 회사에서도 칭찬받았습니다. 감사합니다.

드라마 촬영장에서 뵀던 사미자 선생님. 더운 여름날, 6미리를 들고 땀을 뻘뻘 흘리는 제게 "젊은 피디님이 고생하신다"며, 본인은 물론 주위 배우님들에게도 인터뷰를 권해주셨습니다. 덕분에 제가 유난히 부담스러워했던, 드라마 촬영장에서의 인터뷰도 무사히 끝낼 수 있었습니다. 감사합니다. 챙겨주신 시원한 음료수도 정말 고마웠습니다.

드라마 〈환상의 커플〉 촬영장에서 만난 한예슬 님. 당시 얼굴이 CD만큼 작다는 얘기에, 회사에서 제게 CD를 챙겨가라며 꼭 얼굴과 비교한 그림을 따오라고 했습니다. 이런 무례한 부탁을 해야만 하는 걸까, 자괴감에 빠져서 한 손에 CD를 들고 있는 제게 말씀하셨어요.

"어머, 그거 뭐예요?"
"아…. 이거…."

어렵게 말씀드렸더니, 밝게 웃으시면서 "어머, 그거 재밌겠다"라며 직접 CD를 얼굴 옆에 대주셨어요. 힘든 촬영장에서도 상대방이 부담스럽지 않게 주변을 밝혀주시는 에너지를 가진 분이었습니다. 정말 감사했습니다.

〈개그야〉 촬영장에서 만난 정성호 님. 당시 팀의 최고참 선배로, 〈개그야〉 스튜디오와 대기실 이곳저곳을 소개해주셨습니다. 어떤 부탁을 드려도 너무나 즐겁게 안내해 주시는 모습에 정말 개그를 사랑하시는 분이란 걸 느꼈고, 촬영이 끝날 쯤엔 그 자체로 좋으신 분이란 걸 알았습니다. 덕분에 정말 수월하게 〈개그야〉 녹화 현장을 담을 수 있었습니다. 감사합니다.

〈섹션TV 연예통신〉 촬영장에서 만난 박슬기 님. 리포터로서 성공적인 인터뷰를 위해 끊임없이 기다리고, 노력하고, 연습하시면서도 밝은 모습에, 그동안의 저를 반성하게 됐습니다. 야외촬영, 내레이션 더빙, 스튜디오 녹화 등 〈섹션TV 연예통신〉의 바쁜 일정 속에서도 저희 촬영에 최선을 다하시는 모습을 보고 에너지를 얻었습니다. 감사합니다.

모두 감사드립니다.

6.
야동의 성지

졸업도 했는데 정착해야지.

2008년 대학교 졸업 후, 공중파 방송국을 떠나 케이블 방송국 정규직 편성 피디로 입사했다. 하지만 그곳은 방송국이라기보다는 케이블 채널을 소유한 일반 회사에 가까웠다. 그리고 내가 맡은 채널은 야동을 틀어주는 성인방송 채널이었다. 아이들 전문 〈뽀뽀뽀〉 하다가, 이젠 어른들 전문 '본격 야동 채널'을 한다. 인생 참 극단적이야.

이 회사는 성인 채널 외에도 몇 개의 일반적인 케이블 채널을 더 갖고 있었는데, 제작은 하지 않고 외부에서 영상을 사다가 채널에 틀었다. 일반 회사답게 늦더라도 밤을 새우는 일은 없었고, 공중파 방송 제작사에서 워낙 힘하게 구르다 보니, 상대적으로 일도 할 만했다. 회사가 내게 강조한 성인방송 편성 피디의 가장 중요한 일은, 약속된 편성 시간에 1초의 오차 없이 야동을 트는 것이었다. 시간 계산을 잘해서 운행표를 정확하게 작성해야 했다. 1초의 오차라도 나면 화면에 블랙이나 칼라바가 나갔고, 그건 방송 사고였고, 경위서를 썼다. 나도 입사 초에 54초간의 칼라바를 송출해서 경위서를 썼다. 어쨌든, 운행표를 작성하려면 대학생 수강 신청 하듯 일단 편성표를 짜야했는데, 그러려면 먼저 강의를 알고 있어야 하듯, 편성표를 채울 야동들을 꿰고 있어야 했다. 내용까지는 몰라도, 이게 한국산인지, 일본산인지, 서양산인지, 몇 분 몇 초 길이의 야동인지를 숙지해야 했다. 하지만 숙지해야 할 스케일이 대단했다. 이곳은 그야말로 야동의 성지, 야동의 대도서관이었다. 대학교 도서관의 책들처럼, 사무실 책장에 수백 편의 야동 테이프가 가지런히 꽂혀있었다. 그걸 파악하고 일하기 쉽게 정리하느라 입사 초, 늘 퇴근이 늦긴 했지만, 야동들이 익숙해지며 칼퇴근이 가능해졌다.

회사는 내게 요구하거나 기대하는 게 없었다. 월요일 아침엔 방송본부 전체 회의를 했는데, 그 자리에선 각 채널의 편성 피디들에게 시청률 반등을 위한 편성 전략을 요구했다. 하지만 나는 논외였다. 모두가 알고 있었다. 야동 채널은 전략이고 나발이고, 더 야한 신작들만 계속해서 때려 박으면 된다는 것을. 그리고 성인 채널은 유료 가입 채널이기 때문에 모텔 영업이나 이벤트 같은 마케팅 전략에 기댔다. 임원들마저 영업맨 출신들이어서 깨져도 영업팀만 깨졌다. MBC 본사를 오고 가며 편성국 직원들의 고뇌를 목격했고, 그래서 입사 전, 편성 전략 책들을 떠들어보고 왔던 난, 이내 머쓱해졌다. 회의 땐 그저 코 한번 쓱 하고 있었을 뿐이었다. 대신, 대학 시절 획득한 컴퓨터 편집 능력을 공중파가 아닌 이곳에서 마음껏 발휘하기 시작했다. 그동안 이 채널에 부족했던 야동 예고나 필러 영상(시간을 맞추기 위해, 본편들 사이에 끼워 넣는 자투리 영상)을 프리미어 편집으로 쏟아냈던 것이다. 그중 백미는 모자이크였다. 방통위 심의규정 준수를 위해, 한 가닥이라도 놓칠세라 털들을 쫓으며 모자이크를 쳐댔다. 그리고 간헐적으로, 외주제작 업체에 콘셉트 아이디어도 제시해야 했다. 그때의 아이디어로는 이딴 것들이 있다.

1. 누디티 파라다이스 – Adult 서바이벌 동거동락!

'한국 최초 그라비아 모델'이 되기 위해, 출연자들이 합숙하며 경쟁한다! 우승을 위해, 15~20명의 에로 배우들이, 경치 좋은 섬 〈누디티 파라다이스〉에서 심사위원과 제작진에게 뜨거운 유혹을 보내는데! 더불어 멤버 간의 다툼이나 공교롭게 맺어지는 커플 등도 여과 없이 담아낼 예정! 이 리얼리티 시리즈물의 최종 승자는 누가 될 것인가!

2. 나는 펫 – 애완녀 키우기!

애완 '펫녀'가 상대남과 처음 만난 순간부터 그를 달아오르게 만드는 모든 과정, 서로 간의 감정 변화 등을 세심하고도 뜨거운 리얼리티물로 담는다!

또, 회사에선 신작 야동들이 생기면 임원들과 성인 채널 관계자가 둘러앉아 함께 야동을 봤다. 그리고 그중 다수의 호응을 얻은 야동을 구매했다. 그걸 스크리닝이라고 했다. 또는 외국에서 직접 구매한 서양산 포르노들도 있었는데, 우리나라 방송법에 맞게 특정 부위가 화면의 3분의 2 이상 클로즈업된 곳은 잘라내고, 털은 모자이크 처리해 신작 한 편을 뚝딱 만들어냈다. 제목은 멋대로 내가 지었다. 예를 들어, 원제 'Leg Fantasy'는 '금발의 탐스런 다리 사이로', 'Love for the first time'은 '첫사랑 삽입 면허' 따위로 바꿔 짓는, 야동 작명가였다. 그리고 신년에는 거래처에 돌릴 선물로 야동을 준비했다. 동시에 5개가 구워지는 DVD 라이터로 200개의 야동을 정성스레 구웠다. 일반 직장인의 시각에선 기이하게 보일수도 있겠으나, 이 모두 진지한 업무였다.

스트레스가 없었다. 편성은 아무거나 틀어 재껴도, 한 주에 3방·4방을 때려도 OK였고, 편집도 내용이 튀든 컷이 튀든 어쩌든, '야동에 그게 뭣이 중헌디!' 였다. 복지마저도 훌륭했다. 구내식당 밥은 맛있었고, 퇴근 후엔 사내 헬스장에서 운동까지 했다. 회사의 지원으로, 한국콘텐츠진흥원의 디지털영상 편집 야간과정에서 프리미어 같은 NLE 편집 프로그램인 '아비드(AVID)'를 배울 기회까지 주어졌다. '이게 정직원이지!' 싶었다. 졸업 전 일했던 제작사에선 상상도 할 수 없는 생활이었다. 월급은 적었지만, 그래도 그곳에서 받았던 것보단 많았다. 그런데 또 몹쓸 생각이 고개를 들기 시작했다.

'이렇게 살면, 커서 뭐 되나….'

난 언제까지 이렇게 털들을 가려대고, 또 언제까지 '21세기에 돈까지 내고 야동을 보는데, 털을 싹 다 가려버리면 어쩌냐!'며 항의 전화하는 할배들을 달래줘야 할까. 이센스의 '독' 가사처럼, 줄에 묶여있는 개 마냥, 안주하고 있는 것 같았다. 정확히 반쯤 죽어있는 느낌으로 보낸 1년 9개월째, 난 함께 일했던 조연출인 정우 형에게 전화했다.

"형, 제작사에 자리 생기면, 저한테 꼭 연락 주세요…."

2009년 12월, 크리스마스를 앞두고 결국 난 사직서를 냈다. MBC 〈성공의 비밀〉이라는 프로그램의 조연출로, 공중파 복귀라는 고생길을 선택해 버렸다. 몇몇 보이지 않는 사람들이 있었지만, 특히 친했던 조연출 형들은 대부분 남아있었다. 변한 게 없었다. 2년 만이지만, 마음만은 이곳이 더 편했다. 또

〈성공의 비밀〉 팀에는 동현이라는, 몇 안 됐던 동갑인 조연출도 있었다. 전부터 친했던 그는 MBC 〈신비한 TV 서프라이즈〉를 하다가 이 팀으로 넘어온 모양이었다. 또 처음 보는 중호라는 FD도 있었다. 착했고 잘했다. 모두 의지가 됐다. 복귀후, 새로 시작하기에 더할 나위 없는 멤버이자 친구들이었다.

나는 드디어 필드로 돌아왔다.

7.
곤조의 추억

MBC 〈성공의 비밀〉은 성공한 CEO들의 성공담을, 재연 드라마와 팔로우·인터뷰 같은 야외촬영물로 구성해 알아보는 프로그램이었다. 나는 조연출로서 야외촬영물을 담당했지만, 드라마 촬영도 지원을 나갔다.

'포스터 칼라'로 유명한 알파색채의 전영탁 회장님 편이었다. MBC 〈신비한 TV 서프라이즈〉가 그렇듯, 우리도 제작비를 아끼기 위해 하루에 모든 씬을 찍었다. 이를 위해 쉴 새 없이 몰아치는 폭풍 촬영을 했고, 아침부터 시작해 빠르면 새벽 2시, 늦으면 새벽 4시에도 끝났다. 그런 현장에서 조연출과 FD의 능력은 '씬의 준비'였다. 준비라는 건, 다음 씬의 배우 세팅, 장소 세팅, 소품 세팅이었다. 그게 안 돼 대기시간이 생기면 촬영감독님의 불호령이 날아왔다. 그게 아니면 촬영감독님을 달래기 위해 선수 치는 피디님의 불호령이었다. 여하튼, 불호령이 떨어지긴 마찬가지였다. 그날은 하필 촬영감독님들 중에서도 가장 입이 거치신 분이 배정됐다. 일단 그분이 배정되면 모든 조연출들의 얼굴이 굳어지는, 그런 화끈한 화술을 가진 분이었다. 동현이와 나, 중호는 촬영 전날 밤, 전략 회의를 했다. 평소대로 현재 촬영 씬 케어는 동현이가, 다음 씬 준비는 내가 맡는다. 대신 복잡한 세팅이 필요한 씬의 준비는 드라마 경험 많은 동현이가 맡는다. 그때는 내가 동현이와 교체한다. 중호는 양쪽을 오가며 지원한다. 셋이 머리를 맞대고 앉아 대본을 펼쳐가며, 큐시트의 씬 넘버마다 담당을 정했다. 마지막으로 수차례 소품 체크를 했다. 완벽해! 새벽 2시가 다 돼갈 무렵, 우리 셋은 서로의 얼굴을 보며 승리의 미소를 짓고 수면실에 자러 갔다. 4시간 후면 드라마 촬영의 출발 시각이었다.

그날은 매우 추웠다. 전날 내린 눈으로 모든 것이 얼어붙었다. 미끄러지지 않게 조심조심 촬영이 진행됐고, 그러다 보니 조금씩 딜레이가 됐다. 우리의 전략은 유효했으나 날씨가 도와주지 않았다. 천재지변이었다. 딜레이 되는 시간만큼 촬영 감독님의 얼굴은 굳어갔다. 그렇게, 평소 같으면 촬영이 끝날 새벽 2시가 가까워져도 진행률은 70% 정도였다. 새벽 5시 퇴근 당첨이다. 문제는 그때 발생했다. 다음 씬은 회장님 역의 배우가 물감을 이리저리 섞어보며 연구하는 간단한 씬이었다. 테이블에 팔레트를 펼쳐놓고, 이런저런 붓들을 올려놓고, 알파색채에서 지원받은 물감을 몇 개 열어놓으면 끝…?

"????? !!!!!"

뭐지?! 이게 뭐지?! 왜 물감이 딱딱하지?! 야외 세트장에 미리 가져다 놓은 물감이 얼어버렸다. 아니, 이게 얼기도 하나?! 물감통 뚜껑을 다 열었고, 다 얼었다. 이게 뭔 일이래. 당황했다. 녹이자. 녹여야 해! 하지만 그곳엔 물이 없었다. 꼬일 땐 다 꼬인다고, 챙긴 생수까지 다 마셔버렸다. 어떡하지?! 물을 찾으러 가야 하나? 화장실은 겁나 먼데! 때마침, 동현이의 문자가 왔다.

'씬 촬영 완료'

아씨, 이제 몇 분 후면 전부 여기로 온다. 화장실에 가는 방법은 포기했고, 사하라 사막의 낙오자처럼 고개를 돌려댔다. 물을 찾아야 한다. 물을….

눈이 보였다.

대본을 보니 파란색을 많이 썼지, 파란색만이라도 녹이자. 파란색 물감통을 들고 눈을 집었다. 근데, 안 집혀! 눈까지 얼었어! 또 당황했다. 눈 위에서 탭댄스를 추며, 깨진 눈 몇 조각을 물감통에 넣었다. 하지만 '물감은 물감이요, 눈은 눈이

로다'였다. 둘은 아무 케미가 없었다. 스태프들이 오는 소리가 점점 가까이 들렸다. 와, 지져쓰…. 장갑을 벗고, 눈 조각을 손으로 쥐었다. 내 뜨거운 손으로 눈을 녹이자. 예상대로 녹은 눈은 손바닥을 적셨다. 옳지, 옳지. 그래 이거야. 소중한 물을, 스포이트 짜듯 물감 위에 짜냈다. 그리고 손가락으로 물감을 후벼 팠다. 드디어, 베를린 장벽 같던 물감이 붕괴되기 시작했다. 그래. 몇 번만 더 하면 모두 평화를 찾는 거야. 한 세 번만 더하면…. 촬영감독님이 도착했다.

"야, 이 개새끼야!"

그 꼴을 본 촬영감독님은 분기탱천하셨다. 그 꼴을 본 피디님은 눈을 감았다. 그 꼴을 본 동현이와 중호는 말없이 생수를 집어 들고 내게 왔다. 그리고 동이 틀 무렵 촬영을 마쳤다. 그 후 알게 됐다. 국산 물감 알파색채의 위대함을. 13년이 지난 지금에도, 그때 입은 점퍼의 파란 얼룩은 몇 번을 빨아도 지워지지 않는다.

하루는 재연 드라마 촬영이 아닌, 회장님 팔로우를 하는 야외촬영 날이었다. 출발 전 피디님과 식사를 했고, 폭탄을 던지셨다.

"영택아, 오늘은 너 혼자 나가라."
"네? 오늘 ENG 촬영인데요? 혼자요?"
"너, 혼자 말아올 수 있잖아."

깜빡이 좀 켜고 들어오시지, 갑자기 밥 먹다가 입봉을 해버렸다. 그렇다고 스크롤에 연출로 올려주는 것도 아니었다. 그냥 '그 코너, 이제부터 너 해라'라는 거였고, 이 제작사에선 이미 많은 조연출 형들이 그러는 중이었다. 이젠 나도 포함됐다. 어쨌든, 식사 후 다시 한번, 이번에는 담당 피디의 마인드로 촬영 대본을 숙지했다. 하지만 오늘의 촬영감독님은 내게 '개새끼야'를 시전하신 거친 화술의 소유자, 바로 그분이셨다. 출발 시각이 되어, 빳빳한 A4 지에 새로 촬영 대본을 프린트해 정갈하게 스테이플러를 박고, 촬영감독님을 찾아갔다.

"안녕하세요. 감독님. 〈성공의 비밀〉 팀의 정영택입니다. 촬영 대본 가져왔습니다."
사무실의 TV를 보고 계신 그분의 책상에, 공손하게 대본을 올리고 기다렸다.

"어, 오늘은 누가 나가냐?"

"오늘은 제가 나갑니다."

촬영감독님은 TV 보던 얼굴을 천천히 내게 돌렸다.

"내가 왜 너랑 나가."

"피디님이 오늘은 제가 나가라고"

말이 채 끝나기도 전에, 그분이 소리쳤다.

"그러니까 내가 왜 너 따위랑 나가냐고!"

"!!!"

아이고….

"피디 보고 직접 와서 얘기하라고 해!"

순탄한 날이 없다. 피디님께 그 말을 전하러 가야 했다. 마치, 군대에서 타 소대 최고참이 '너희 소대 내 밑으로 다 데리고 와!'라고 시킨듯했다. 우물쭈물하며 피디님께 자초지종을 설명했다.

"알았어. 아휴, 그 형 또 왜 그래."

'끄응'하며 무거운 몸을 일으킨 피디님은 천천히 발걸음을 옮겼고, 나와 함께 촬영감독님에게 갔다.

"입봉을 시켰으면, 피디가 먼저 와서 촬영감독한테 얘기하는 게 순서 아니에요?"

"죄송합니다."

평소에 형, 동생 하는 거 알고 있는데, 촬영감독님이 사무적으로 나오니, 피디님도 정중히 사과를 한다. 그리고 예상대로 얘기가 잘 끝났다. 옆에서, 괜히 고개를 숙이고 이 코미디를 지켜볼 수밖에 없었다. ENG 촬영감독이라는 권세에 쓸데없는 진을 뺐던 2010년이었다. 그 권세는 ENG 카메라가 너무 비쌌기 때문이었다. 방송국만 그걸 살 수 있었고, 방송국에 있는 촬영감독들만 ENG 카메라를 다룰 수 있었다. 특권 같은 거였고, 피디들은 ENG 카메라 아니면 대안이 없었다. 그래서 촬영감독의 곤조가 생겼다. 그런데 세월이 약이라고, 시간이 지날수록 기술이 발전했다. ENG 카메라보다 훨씬 싸고 때깔 좋은 카메라들이 많아졌다. 싸니까 그걸 다루는 사람이 많아졌고, 그래서 촬영감독 풀도 넓어졌다. 게다가 그들은 잘 찍었다. 넓은 풀 속에서 살아남기 위해 그들은 본인들을 갈고 닦았다. 피디들은 이제 언제라도 ENG 카메라보다 때깔 좋은 카메라로 잘 찍는 촬영감독들과 일할 수 있게 됐고, 곤조 부리는 ENG 촬영감독을 견디며 굳이 일해야 할 이유도 없어졌다. 만약 외부 촬영감독이 곤조를 부리면, 넓은 풀 안의 다른 인성 좋은 감독과 일하면 그뿐이다. 그래서 지금은 방송국 본사 피디들마저, 인성 좋고 실력 좋은 외부 촬영감독과 함께 일하는 시절이 됐다. 그리고 이 시절, '개새끼야'의 불호령이 있었던 십 년 후, 우연히 현장에서 그 거친 촬영감독님을 마주쳤다. 그분은 말 그대로, 공손해지셨다.

"아이고, 잘 지냈어요?"

고개도, 허리도 숙이고 손을 내미시는 그분과 얼떨결에 악수를 했다.

"아, 예, 안녕하셨어요. 저 기억하세요?"

"그럼요, 그럼요. 알죠, 알죠. 이런 훌륭한 프로그램도 다 하시고, 고생이 많아요~"

사람 좋게 웃으며, 내게 존댓말을 하는 그분을 보면서 적응이 안 됐다. 과거와 현재의 간극이 너무 컸다. 늙어서 변한 걸까, 상황이 변해서 그런 걸까. 아직도 잘 모르겠다.

그 '곤조'라는 건 비단 촬영장에서만 일어나는 일들은 아니었다. 〈TV 완전정복〉 시절, 외부 종편실에서도 '곤조'는 존재했다.

"감독님, 여기 디졸브 좀 부탁드립니다."

"여기 왜 디졸브를 쳐! 컷으로 가도 되는데. 꼭 편집 못 하는 놈들이 효과로 쇼부 보려고 한다니까!"

그 종편감독님은 곤조가 대단했다. 프리미어에선 수없이 쳤던 디졸브인데 여기선 그거 하나를 안 해줬다. 하지만 심기를 거스르면 그 순간, 그날 나의 요청은 끝이었다. 종편은 끝내야 하고, 나로서는 그분의 기분을 풀어드릴 화술이 없으니 다른 방법이 떠오르지 않았다. 잘 보이려고 종편 시작 전마다, 그분이 즐겨 피우시던 담배 한 갑을 사서 상납했다. 그런데도 그분은 쉽게 화가 나셨다. 웃기는 건, 정직원 피디님들이나 성 피디님의 요청은 모두 OK였다는 점이다. 그렇게 사람을 가렸지만 확실히 실력은 있었다. 그래서 고난도 종편이 필요할 때, 당시 제작사에서는 언제나 이 종편감독님께 일을 맡겼다. 종편실 벽에 붙어있던 그분의 스케줄표는 한 달 내내 우리 제작사와의 일로 늘 빼곡했다. 하지만 그게 지속되니 제작사는 외부 지출을 줄이기 위해 내부에 NLE 종편실을 만들어버렸다. 그리고 그분은 일이 끊겼다. 그 후 2015년, 뜻하지 않게 그분을 뵀다. 특집 프로그램의 코너 피디로 알바하게 됐을 때였다. 회의하러 외주 제작사 사무실에 갔는데, 흘깃흘깃 계속 누군가의 시선이 느껴졌다. 고개를 돌렸더니 구석 작은 방에 그 종편감독님이 계신 게 아닌가!

"아! 안녕하세요." 먼저 말을 걸었다.

"아…. 정 피디…. 맞죠?"

알린 적도 없는데 피디라니, 전에는 '편집 못 하는 놈'이었는데. 아니, 그것보다 이분도 존댓말을 하신다.

"아…. 예, 저 맞습니다. 영택이에요."

"아! 난 또 긴가민가해서. 잘 지냈어요?"

감독님이 내 두 손을 덥석 잡으며 말했다. 아니, 우리 이럴 사이까진 아니었는데…. 말씀 놓으시라고 한 후, 근황을 물었다. 일이 줄어 그전 종편실에선 나온 지 꽤 됐고, 이번엔 당분간 이 제작사에 있게 됐다고 하셨다. 그리고 요즘엔 애프터 이펙트를 배우고 있다고 수줍게 고백하며 덧붙였다.

"지나가면 좀 들러~ 심심해 죽겠어~"

격세지감이다. 말이며 행동이며, 예전과 다르게 상당히 힘이 빠지셨다. 그래도 노력은 하고 계시는구나. 평생 종편기만 끼고 사실 것 같던 분이 새로운 걸 배우고 계셨다. 이미 애펙도 새로운 건 아니었지만…. 며칠 후, 코너 종편을 거의 10년 만에 그 감독님과 함께했다. 예전 종편기 위에서 날아다니던 손이, 지금은 장님 코끼리 더듬듯 애펙을 다뤘다. 애처로웠다. 하지만 일은 해야 했고, 다른 종편실에서도 그렇듯 몇 번의 요구를 반복했다. 그리고 보고 말았다. 그 눈빛을. 잠깐이지만, 10년 전 그때의 눈빛이 나타났다 사라졌다. 10년 전, 종편 내내 계속 그 눈빛을 살폈던 나는 알 수 있었다. 감독님은 화가 났다. 그리고 깨달았다. 사람은 변하지 않는구나. 지금은 감추시지만, 상황이 괜찮아지면 다시 예전으로 돌아가시겠구나. 그분과는 그것이 마지막이었다. 그 후로도 누군가를 통해 소식을 듣지 못했다. 잘 살고 계시겠지.

피디라는 직업도 용가리통뼈는 아니다. 사실 그들보다 더 위태위태하다. UCC 열풍으로 시작됐던 게, 유튜브 시대가 됐다. 누구나 영상을 기획하고, 찍고, 편집한다. 그게 피디다. 그래서 피디 풀은, 촬영감독이나 종편감독의 그것과는 비교할 수 없을 만큼 넓어졌다. 피디는 언론 고시나 현장의 도제 시스템을 통해서만 만들어진단 건, 촌스러운 옛날 괴담이다. 그래서 피디는 거의, 언제나, 대부분 상황에서 다른 누군가로 대체 가능해졌다. 그렇다고 '대체 불가한 뭔가를 갖자!'라는 얘기는 못 하겠다. 그건 '노오력! 하면 됩니다'란 말과 똑같이 들린다. 더 이상 뭘 어떻게 해야 할지, 20년 넘게 열심이던 나도, 아직 그 '대체 불가한 뭔가'를 찾지 못했다. 하지만 정말 극소수를 제외하곤, 지금까지 '이 바닥'에서 본 피디들은 자기 자신만의 뭔가도 없었고, 실력도 비슷했다. 한마디로 그놈이 그놈이었다. 정말 못되게도 그게 위안이 됐다. 그리고 그들을 겪으며 가늘고 길게 롱런하는 방법도 알게 됐는데, 바로 '곤조'라는 걸 부리지 않는 거였다. 그건 불공정하고 불합

리한 요구에도, 그 어떤 상황에서도 웃으며 참고, 나는 을이기 때문에 받아주는 노예로 살라는 얘기가 아니다. 그저, 유치원 때, 초등학교 때 배운 대로 살면 된다. 우린 그때, 나도, 남도 아프게 하지 말라고 배웠다. 다른 사람들을 아프게 하지 말고, 불공정하고 불합리한 요구로 나를 아프게 하는 사람들은 그저 연을 끊으면 된다. 그럼 지금 당장 굶어 죽을 것 같아 몹시도 불안하겠지만, 신기하게도 잘 산다. 다른 직업들도 비슷할 것 같은데, 그놈이 그놈이기 때문이다. '이 바닥'도 그놈이 그놈이란 사실은 모두가 안다. 그래서 사람들은 나를 다치게 하지 않으면, 그놈이 그놈이니 그냥 계속 같이 간다. 그리고 그걸 '인맥'이라고 부른다. 딱딱하고, 때론 까칠하고, 사회성 없는 나도 그렇게 지금까지 근근이 달리고 있다. 지금 이 행운이 실력도 아니고, 지금 이 행운이 영원한 것도 아니다.

8.
모두 각자의 싸움을 하고 있다

조연출 시절, 드라마 촬영장 취재를 하게 됐다. 장소는 여의도 MBC 스튜디오 세트장. 운수 좋은 날이다. 덥지도 춥지도 않은 실내 촬영에, 사무실과도 걸어서 5분 거리다. 드라마 촬영장 취재는 늘 부담이 됐지만, 그걸 위안으로 삼았다. 현장 스케치와 다른 배우님들의 인터뷰를 마치고, 한 여배우와의 인터뷰가 남았다. 소속사와 미리 약속이 돼 있던 터라 일단 매니저를 만났다.

"아! 안녕하세요, 피디님. 얘기 들었습니다."
"이따 시간 되실 때, 연락해 주시면 찾아뵙겠습니다."

그때의 난 촬영장을 혼자 다녔고, 특기는 기다림이었다. 언제쯤 가능할지 시간을 묻지 않고 처음부터 기다림을 선택했다. 부담 주고 싶지 않았다. 읽을 조그만 책도 가져왔겠다, 1층 로비에 앉아 책을 폈다. 반쯤 읽었을 땐 2시간이 지난 후였다. 매니저에게 연락했다.

"예, 피디님. 지금 씬 준비 때문에…. 잠시 후 연락드리겠습니다."

다시 난 책을 펴 들었다. 그리고 또 2시간이 지났다. 다 읽은 책을 챙기고, 매니저를 찾아갔다.

"아…. 피디님. 사실 오늘 감정씬들이 많아서요…. 배우님 컨트롤하기가 쉽지 않네요. 그래도 오래 기다려주셨으니까 꼭 인터뷰하도록 할게요."

그랬다. 그날은 여배우님이 싸우고, 오열하고, 괴로워하는 감정씬이 많았다. 그렇게 힘든 씬들을 소화하고 있는데도, 난 인터뷰랍시고 6미리를 들이대야 하다니 착잡했다. 그래서 더는 재촉하지 않고 기다렸다. 다시 4시간이 흘렀다. 오후 1시에 왔는데 밤 9시가 됐다. 로비에 앉아있는 날, 매니저가 발견하고 깜짝 놀라 말했다.

"아…. 피디님, 아직도 계셨어요?! 죄송합니다…. 제가 어떻게든 해볼게요. 조금만 기다려주세요."

약속한 매니저는 대기실로 들어갔다. 10여 분 뒤, 대기실 문이 열리고 여배우님이 나왔다. 엉거주춤 자리에서 일어서

려는데, 보고 말았다. 그녀는 울고 있었다. 그리고 날 지나쳐 MBC 1층 현관 쪽으로 울면서 달렸다. 바로 매니저가 달려나왔다. 날 보며, 미안한 표정으로 고개를 두어 번 젓고, 그녀를 찾으러 달려갔다. 난 매니저에게 죄송하단 문자를 남기고 촬영을 접었다. 그녀는 신인이고 주연이었다. 선생님들과 수십 명의 드라마 스태프들이 지켜보는 가운데 자신을 짓누르는 중압감과 싸워왔을 것이다. 게다가 그날은 감정씬들까지 연달아 있었다. 나라면 버티지 못했다. 그런데 그런 그녀에게 난, 인터뷰까지 해달라며 괴롭혔다. 큐시트의 감정씬들을 보고 빨리 촬영을 접었어야 했는데, 눈치 없이 8시간이나 기다리며 괴롭혔다. 죄송합니다. 드라마는 20%가 넘는 시청률로 종영했다. 그리고 그녀는 마지막까지 훌륭한 연기를 펼쳤다. 그녀가 자신의 싸움에서 무너지지 않아 다행이었다. 나는 그저 기억도 못 할 나부랭이였지만, 그녀가 무너졌다면 혼자서 짐을 안고 살 뻔했다.

2012년 MBC 〈여수세계박람회 D-100 성공 기원 콘서트〉에 참여하게 됐다. 홍보대사의 축하 멘트를 촬영해야 했는데, 그 홍보대사가 무려 아이유 님이었다. 버티다 보니 이런 날이 다 오는구나. 내가 아이유 님을 보다니. 그녀는 지금도 사랑이지만 그때도 사랑이었다. 두근대는 마음으로 6미리를 들고, 약속된 촬영 장소에 갔다.

"여수 엑스포 축하 멘트 촬영으로 왔는데요."
"아! 예, 잠시만요."
매니저는 소파로 걸어갔다.

소파에는 작은 여자아이가 있었는데, 등받이에 기대 잠들어 있었다. 아이유 님이었다. 처음 든 생각은 '아…. 너무…. 피곤해 보인다….' 깨우고 싶지 않았다. 내가 많이 그랬기에 알았다. 소파에서 자는 그 자세와 모습은, 없는 시간 쪼개가며 겨우 자는 쪽잠이었다. 만나기 전 설렘이 안쓰러움으로 변했다. 내가 또 쉬는 시간을 뺏는구나. 얼른 찍고 나가야겠다…. 잠에서 깬 그녀가 옷매무새를 가다듬고 나와서 미소 지었다.

"안녕하세요, 피디님! 어디서 찍으면 될까요?"

피곤했던 그녀는 금세 밝은 얼굴이 됐다. 놀랐다. 이 아이는 프로구나. 자기 상태나 기분이 태도가 되지 않는구나. 그리고 고마웠다. 잠깐 함께하는 스태프들이라도 미안함을 느끼지 않도록 배려하는 그 태도가 고마웠다. 고마운 만큼 빨리 찍고 나가려고 촬영 준비를 하는 동안, 먼저 멘트가 적힌 촬영 대본을 줬다. 대본엔 '여수 엑스포' 개최 기간 등의 정보가 있어서 외워야 했기 때문이었다.

"여기 보시면, 개최 기간이 있어서요…. 이건 좀 외워주셔야 할 거 같아요."

그녀가 웃었다.

"아! 피디님, 저 이거 다 외웠어요~ 저 여수 엑스포 홍보대사잖아요~"

촬영은 정말 수월하게 끝났다. 2012년이면 아이유 님도 엄청 어렸을 텐데, 그 작은 아이는 그때부터 나로선 상상도 할 수 없을 만큼 수많은 스케줄과 싸워왔겠지. 거기다 이런 인터뷰나 축하 멘트 요청도 하루에 수십 건이었을 텐데, 그걸 다 소화하면서도 웃음을 잃지 않았다. 그 후로 다시 보진 못했지만, 그녀는 여전히 빛난다.

"카메라 롤!"
"조용!"
"하이~ 큐!"

드라마 촬영장 취재를 유독 부담스러워했던 이유는, 현장의 긴장감 때문이었다. 배우들이 혼신의 연기를 하니 당연히 그래야 했지만, 시작 전 드라마 FD들의 '조용!' 소리가 호통처럼 쩌렁쩌렁 울리면, 현장은 쥐 죽은 듯 조용해졌다. 남의 촬영장에 스파이 마냥 침입한 이방인으로서, 핸드폰은 물론이고 발소리마저 내지 않으려고 유령처럼 다녔다.

드라마 FD는 예능이나 교양 등 다른 FD와는 달랐다. 드라마 왕국답게 드라마 FD는 하나의 전문직이었고 3~4명으로 구성된 팀이었다. 드라마 FD 팀장은 마흔 살이 넘은 분도 계셨고, 십 년 전에도 월 5백만 원은 넘게 가져가신 걸로 알고 있다. 이 팀은 방송국 직원이 아니어서, 방송국 상관없이 드라마를 오가며 일했다. 드라마 판은 거칠었다. 예능이나 교양과는 비교 불가였다. 계속되는 야외촬영과 밤샘 촬영 강행군으로 스태프들 역시 터프했는데, 그중 내가 생각하는 탑은 드라마 FD였다. 이 팀은 기강이 엄청났다. 군대보다 더했다. 개인적으로, 생방 수준의 촬영 스케줄에도 우리가 제때 드라마를 볼 수 있는 건, 이분들 공이 크다고 생각한다. 안 될 것도 되게 만든다. 그중 하나가 현장 통제, 소위 '길막'이었다. 당시, 이 현장 통제를 FD팀이 맡았다. 팀원들은 구역을 나눠 '길막'을 했고, 그중 어딘가가 뚫리면…. 담당구역의 FD는 팀장에게 숙청당했다. 나도 조연출 시절 '길막'을 했었다. 방송이 무슨 벼슬도 아니고, 너무 죄송해서 하루에 백 번은 고개 숙이고 '죄송합니다'란 말을 연발했다. 정말 어쩔 수가 없었다. 지나가거나 구경하는 행인이 카메라에 걸리면 촬영감독의 불호령이 날아왔으니까. 하지만 드라마 FD 팀장의 숙청은 불호령 수준이 아니었다. 상상도 못 한 갈굼이었다. 카메라 안에 행인이 걸리면 촬영은 딜레이 된다. 배우들은 감정이 깨질 수도 있다. 그 한 번의 딜레이가 남은 많은 씬들에 영향을 미치고, 생방 수준의 촬영을 하는 경우라면 방송 시간을 못 맞출 수 있다…. 이런 이유로 숙청이 진행된 것이다. 그렇다고 결코, '길막'이 정당해지는 건 아니지만, 이제 FD들은 결정을 해야 했다. 살 것이냐, 죽을 것이냐. 그리고 촬영 때마다 그런 선택과 싸워왔다. 지금도 촬영 현장의 '길막'에 대한 성토 기사들을 보곤 한다. 당연히 내 일 한다고 남을 막아선 안 된다. 하지만 그들도 나처럼 어쩔 수 없었을 거란 생각이 들기도 한다. 진정 방송이 벼슬이라고, 특권이라고 여겨서 그런 건 아니리라 생각한다. 방송하면서 그렇게 생각하는 사람을 본 적도 없다. 안 되는 줄 알면서도 어쩔 수 없이, 그저 하루하루를 살아남으려고 그랬을 것이다.

일하면서 느낀 건, 모두 각자의 자리에서 각자의 싸움을 하고 있다는 것이었다. 솔직히 그 싸움의 이유가 다 이해되는 건 아니었지만, 크든 작든 그 싸움은 힘들었다. 모두가 힘든 싸움을 하고 있는 건 사실이었다. 이런 전쟁터에서 관심이나 이해까지 바라는 건 사치고 죄악인 것 같다. 그저 서로 아프게만 하지 말았으면, 여유되면 한번 웃어라도 줬으면 좋겠다. 아이유 님처럼. 그게 배려인 것 같다.

9.
방송은 나가야지

 2015년, 광복 70주년을 맞아 MBC 〈우리 함께! 코리아〉란 특집 프로그램을 한 적이 있다. '나에게 대한민국이란?' 주제로, 실로 어마어마한 분들의 인터뷰 촬영을 다녔다. 조수미 님, 금난새 님, 임권택 님, 고두심 님…. 사고는 고두심 선생님 인터뷰 촬영에서 터졌다. 선생님들 촬영은, 간단하더라도 왠지 혼자 나가는 건 실례인 것 같았다. 함께 제작하던 정우 형과 둘이서 나갔는데, 정우 형은 질문을 하고 난 6미리를 잡았다. 고두심 선생님은 밝게 인터뷰해주셨고, 그날도 모든 것이 순조로웠다. 하지만 사무실에 돌아와 영상을 확인했을 때

"어!!! 오디오가 왜 이러지?!!!"

 깨끗해야 할 오디오가 매우 시끄러웠다. 왜 프런트 마이크 오디오만 있지? 와이어리스 마이크 오디오는 어디 가버렸지? 선생님께 채워드린 와이어리스 마이크의 깔끔한 오디오가 없었다. 굉장히, 굉장히 당황했다.

"형, 이거 와이어리스가 안 들어갔어요….."

"어? 진짜? 어! 큰일 났네!"

정우 형의 얼굴도 똥빛이 됐다.

"프런트 오디오 어떻게 살릴 수 없어?"

"잠깐만요."

별짓을 다했다. 하지만 살릴 수 없었다. 더불어 우리의 멘탈도 살릴 수 없었다. 우리 둘은 허둥대다 결국 말을 잃고 정신도 나갔다. 왜 안 들어간 거지? 마이크가 고장 난 건가? 분명히 와이어리스 마이크 송수신기에 배터리도 새걸로 갈았고, 테스트도 했고, 수신기도 카메라에 잘 달아놨고, 선생님께 송신기도 잘 채워드렸고, 근데 선생님께 채워드린 그 마이크, 내가 전원을 켰던가…. 기억이 없었다.

"형, 죄송해요…. 제가 와이어리스를 안 켠 거 같아요…."

그랬다. 100% 내 잘못이었다. 난 6미리 촬영을 하도 다녀서 타성에 제대로 젖어있었다. 전원이 켜졌는지 확인도 안 하고, 카메라에 오디오가 제대로 들어오는지 이어폰을 끼고 듣지도 않았다. 촬영이 끝난 후, 현장에서 영상도 안 봤다. 잘 됐겠지 뭐, 얼른 가서 편집이나 하자. 제대로 썩어빠졌다. 100% 내 잘못이었다. 정우 형이 힘겹게 말했다.

"다시 가야지, 뭐···."

아, 미치겠네. 신인이라도 해선 안 될 부탁인데, 선생님께 다시 똑같은 촬영을 부탁드려야 한다. 나 때문에 이런 사달이 났다. 숨고 싶었다. 정우 형에게 말했다.

"형, 진짜 죄송한데, 전화···. 형이 드리면 안 돼요? 편집 제가 전부 다 할게요. 그리고 그냥 메모리 카드 고장 났다고 하면 안 될까요? 실수로 전원 안 켰다고 하지 말고···."

그 순간에도 난, 내 책임을 벗어나기 위해 형에게 거짓말을 시키고 책임을 떠넘겼다. 썩었다. 연출이 됐어도, 난 연출이 아니었다. 책임도 안 지고 도망쳤으니까. 연출은 책임을 지는 사람인데, 난 그러지 못했다. 침통한 우리 둘은 다시 고두심 선생님께 찾아갔다.

"으이그~ 진짜, 잘났어 정말이다~ 프로그램 취지가 좋아서 다시 하는 거예요~"

혼나도 전혀 할 말이 없었는데, 선생님은 우리를 밝게 맞아 주셨다. 인터뷰는 페이도 없고 아무런 대가가 없었는데도, 웃어주시며 두 번이나 똑같은 촬영을 해주셨다. 정말 감사했습니다, 선생님. 그리고 난 지금까지 정우 형한테 마음의 빚을 지고 산다. 십 년 후의 술자리에서, 정우 형이 언제 적 얘기냐고, 아니라고, 괜찮다고 해도 그 빚이 당최 없어지질 않는다.

MBC 〈TV 속의 TV〉에서의 사고는 더 스케일이 컸다. 아침부터 밤까지 MBC 〈코미디에 빠지다〉 녹화 현장 촬영을 마친 다음 날, 편집을 위해 컴퓨터 앞에 앉았다. 그런데 있어야 할 것이 없었다.

"촬영본 어디 갔어???"

분명, 회사 편집 서버에 촬영본을 넣었는데, 없어졌다. 후배들과 함께 서버 전체를 뒤졌다. 없었다. 촬영본 전체가 사라졌다. 메모리 카드에 있던 촬영 원본마저 다른 팀이 벌써 다음 촬영을 위해 포맷시켜 버렸다. 왜! 왜, 이런 시련을! 범인을 찾는 건 의미가 없었다. 그런다고 이미 강을 건너버린 촬영본이 다시 돌아오는 것도 아니니까…. 두 손에 얼굴을 파묻고 명상의 시간을 가진 후, 전화기를 들었다. 다시 찍자….

"안녕하세요. 〈TV 속의 TV〉 영택 피디인데요…."

"아! 피디님. 어제 잘 들어가셨어요? 이제 열편 하시겠네요~"

주인공 겸 촬영을 도와줬던 개그맨 조승제 님이었다. 이렇게 밝은 그에게 찬물을 끼얹을 시간이다.

"그게…. 촬영본이 날아가 버렸습니다…. 그래서 말인데…."

다시 찾은 녹화장에서 승제 님을 만났다. 당시 〈TV 속의 TV〉 촬영은 이런 6미리 촬영의 출연자에겐 페이 지급을 하지 않았고, 승제 님 역시 100원 한 푼 받지 못했다. 그래서 더 미안했다.

"정말 죄송합니다. 저희 때문에…."
"괜찮습니다, 피디님! 리허설 한번 했다고 생각하죠, 뭐~ 방송은 나가야죠!"

그는 오늘도 밝고 씩씩했다. 자신들은 매번 하는 녹화인데 피디님이 힘드시겠다며, 되려 나를 위로했다. 그래도 얼굴을 들 수가 없었다. 돈도 못 드리고, 편집 잘하겠다는 말밖에 드릴 수가 없었다.

"피디님, 또 오셨네요?"

"예, 저···."

"야~ 그렇게 됐어~ 빨리 와서 인터뷰해~"

승제 님은 다른 개그맨분들의 물음을 커버 치며, 재촬영을 돕기 시작했다. 촬영본을 날려 먹은 주제에 이런 말 하긴 뭐하지만, 손발이 척척 맞았다. 숙련된 패키지여행 가이드처럼, 말하지 않아도 첫 촬영 때 찍었던 모든 곳을 빠르게 다시 돌았다. 역시 리허설의 힘인가···. 해가 지기도 전에 무사히 재촬영을 마쳤다. 정말 감사합니다, 조승제 님.

프리랜서와 회사원 생활을 거치며, '책임'이란 말을 생각하게 됐다. 모두 '내가 책임질 테니까, 해!'라고 말하는데, 아직도 그 '책임'을 어떻게 지겠다는 건지 모르겠다. 감봉 몇 개월, 정직 몇 개월, 면직, 파직, 이런 거 당하면 책임지는 건가? 그런다고 사라진 촬영본이 돌아오나? 떨어진 시청률이 올라가나? 제작에 참여한 그들의 노력을 돈으로 보상하면 책임지는 건가? 그런다고 사라진 촬영본이 돌아오나? 떨어진 시청률이 올라가나? '시청률이 떨어지면, 조회수가 떨어지면 책임지겠다'라는 것도 말이 안 된다. 그건 시청자들의 자유 판단이다. 피디가 할 수 있는 거라곤 그저 다른 방식을 시도해 볼 뿐이지, 무슨 책임을, 어떻게 지겠다는 걸까.

승제 님이 말했던 '방송은 나가야죠'란 말이 맴돈다. 피디들에게 '책임'이란 건, '방송을 내보내겠다'라는 약속을 지키는 것 같다. 제작과정에서 문제가 생겼을 때, 그 약속을 지키기 위해서는 우선, 사과할 수 있는 용기가 필요하다. 나는 실망과 질책이 두려워 고두심 선생님 앞에서 숨어버렸지만, 두려워도 직접 사과드렸어야 했다. 다시 도와주시든 아니든, 그게 제작에 참여한 분들의 노력에 대한 기본적인 예의니까. 방송을 내보내기 위해선, 피디로서 그런 기본적인 예의가 있어야 다시 부탁이라도 드릴 수 있다. 그분들이 다시 함께 해줄지 아닐지는 그 후의 문제고, 피디 혼자 남을 수도 있다. 그래도 그건 그분들의 잘못이 아니다. 그래서 각오가 필요하다. 열 명이 붙어서 한 편집이라도 나 혼자, 처음부터 다시 해낼 각오가 필요하다. 제작비가 더 들면 협찬이라도 따오거나 사비라도 털 각오가 필요하다. 그리고 이 각오를 실현할 능력이 필요하다. 이런 용기와 각오와 능력으로 방송을 내보낼 수 있을 때야만, 피디는 '내가 책임지겠다'라는 말을 꺼낼 수 있을 것 같다. '책임'이란 말은 정말 무섭고, 무겁다. 그래서 난 책임지겠다는 말을 쉽게 꺼내지 못한다.

10.
노동부에 신고를 당했다

십 년 전 일이다. 전화벨이 울렸다.

"영택 피디님이세요? 잠깐 와보셔야 할 것 같은데."
경영관리팀이었다. 웬일이지?
"피디님이 노동부에 신고를 당해서요."
"!"

야~ 하하. 걔 정말 했구나. 뭐든 추진력 하난 좋네. 날 신고
한 그 아이는 예전의 나처럼, 출근한 지 이틀 만에 퇴사 통보
를 한 프리랜서 FD였다. 경력 없는 신입이었지만 자기소개서
를 보니 열정이 가득했다. 면접 때, 껄렁껄렁한 태도가 마음
에 걸렸지만 당시 인력이 급한 상황이라 뽑았다.

"방송일이 생각보다는 많이 힘들 거야."
"아닙니다, 피디님! 잘할 수 있습니다!"
그녀는 역시 신입답게 패기가 넘쳤다.

"그래. 좋네. 그래도 일단, 이번 주는 아무것도 하지 말고, 견학한다는 생각으로 조연출 선배님들 따라다녀. 매주 반복되는 일들이니까."

방송을 하고 싶어 하는 친구들을 보면 늘 예뻤다. 이 힘든 일에 관심 두고 뛰어들기까지 하다니 대견하달까. 새로 FD 친구가 온 기념으로, 점심에 후배들 모두를 데리고 회사 옆 '미스터 피자'에 갔다. 일이 힘든 만큼 서로 사이좋게, 잘 가르쳐주고 잘 배우라고 했다. 사비를 털었지만, 웃고 떠들며 잘 먹는 모습들을 보니 좋았다. 잘하겠지. 하지만 이튿날 밤, 그 친구에게 온 문자는 퇴사 통보였다. 알겠다고, 나도 잠수 경험이 있다 보니 사유를 묻지 않았다. 하지만 그 친구는 아직 할 말이 더 남아있었다.

"그리고 이틀 동안 일한 비용을 입금해 주셨으면 하는데요."
응? 견학만 했던 친구가 무슨 일을 했지? 십 년 전 노동법에 무지했던 나는, 이해가 안 됐다.
"네가 무슨 일을 했니?"
"매일 늦게 퇴근했고요. 그래서 택시비에 식비까지 제 돈으로 해결했습니다."
"택시비는 네가 늦게 간 거고, 식비는 점심을 매번 사줬잖아?"
"저녁은 제 돈으로 사 먹었습니다."

그 친구에게 퇴근하라고 해도 가지 않고 계속 옆에 있었다는 조연출 후배의 얘기를 들었던 터라, 내심 대견했던 참이었다. 그런데, 시키지도 않은 일을 보상해 달란 건 뭐지?

"면접 때 2주를 채워야 페이 지급된다고 말한 거 같은데. 그건 안돼."

"그럼 피디님. 노동부에 신고할게요."

야~ 이놈 봐라. 답문을 보냈다.

"그래. 반드시, 꼭 하렴."

"이분이 메인 피디님이랑 영택 피디님 이름으로 신고를 했더라고요."

경영관리팀 직원분이 프린트된 신고장을 보여주며 말했다. 살다 보니 이런 데 이름이 다 실린다.

"그런데, 제가 프리랜서인데 신고가 되나요?"

직원분이 웃으며 말을 이었다.

"그러게요. 영택 피디님 프리랜서라고 하니까, 노동부 직원분도 당황하시더라고요. 어쨌든 알아서 해결은 보라고 그러대요."

해결을 위해 그 친구에게 지급할 비용은 8만 얼마였다. 직원분에게 말했다.

"그런데요, 제가 이 친구 뽑으려고 구인 사이트 광고도 사비로 걸고, 환영회도 사비로 했거든요. 그 돈만 해도 15만 원이 넘는데요."

그랬다. 기존 인력이 빠지면서 남은 후배들의 업무가 가중됐었다. 메인 피디님도 빨리 충원해야 되겠다고 하셨고, 나도 더이상 후배들이 밤새는 걸 보고 싶지 않았다. 그래서 10만 원이 넘는 상위 노출 구인광고를 사비로 구매해 버렸던 것이다.

"왜 그러셨어요~ 제작비 청구를 하시지. 어쨌든 메인 피디님이랑 어떻게 하실지 상의해 보시고, 연락해 주세요."

"영택아. 그냥 주자."
"예? 아, 피디님…. 그러고 싶지 않은데요…."

줄 돈보다 많이 쓴 건 차치하고, 아무리 돈 8만 원이라도 주고 싶지가 않았다. 이건 공정하지 않다. 누군 바보라서, 밤늦게까지 일해도 자기 돈 내고 택시 타고, 자기 돈 내고 밥 사 먹나? 그렇게 버티고 있는 후배 녀석들, 그저 프리랜서로서 이곳의 룰이 그래서, 그래도 좋아하는 일 한다고 웃으면서, 서로 의지해가면서 버티는 중인데 이틀 견학한 그 친구한테 돈을 줘야 한다고?

"피디님…. 그러면 저희 애들이 뭐가 돼요…."
"그렇긴 한데…. 똥이 더러워서 피하지 무서워서 피하니? 그냥 줘버리고 끝내자. 제작비 남았지?"

결국 8만 얼마는 그 친구에게 지급됐고, 내가 썼던 15만 원은 받지 못했다. 그래도 이 일 이후 얻은 게 있었다. 구인 광고 같은 것 사비 쓰지 말라고, 그동안 메인 피디님들이 가지고 있었던 제작비 법인카드를 한 장 더 받은 것이다. 감사합니다. 이제부터 제가, 아주 살뜰히 써보도록 하겠습니다.

제작비 정산을 맡은 나는, 그곳에서의 프리랜서 룰을 깨고, 매월 프리랜서에게 허락된 제작비를 한도까지 써대기 시작했다. 늦게 퇴근한 후배들 택시비 다 지급하고, 삼시 세끼에 커피에 디저트에 야식까지 전부 법인카드를 긁었다. 우리 팀 거 시키는 김에, 편집실에서 굶어가며 밤새워 일하는 다른 팀 후배들 먹을 것까지 다 시켰다. 일단 많이 시키고 남으면 버리라고 했다. 그래도 제작비가 남으면 후배들과 함께 고깃집이며, 치킨집을 돌며 회식 잔치를 벌였다. 어떻게든 제로에 수렴할 때까지 탕진했다. 그렇게 프리랜서에게 허락된 제작비를 다 써도 전체 제작비 이윤은 남았다. 인건비만 패륜아였지, 참으로 진정한 효자 프로그램이었다.

메인 피디님은 알고도 모른 척하신 것 같다. 어쨌든 본인도 회사 시스템을 대놓고 뜯어고칠 수도 없고, 인건비를 확 올릴 수도 없으니, 한도 내에서의 자유를 주셨던 거겠지. 어쨌든, 그 친구 덕분에 우리가 모두, 조금이나마 윤택한 삶을 누렸다. 땡큐다! 이 친구야! 굿 럭이다!

11.
질기고 지독한 증명

선배님…. 드론을 잃어버렸어요….

일요일, 지리산에 촬영 간 후배 피디에게 연락이 왔다. 맙소사. 드론샷 꼭 찍어야 하는데…. 지리산 드론 촬영은 메인 피디님의 특명이었다. 피디님은 비용을 써서라도 드론 감독에게 맡기자고 했고, 난 지리산에 갈 후배 피디에게 아는 드론 감독 있냐고 물었다.

"근데 선배님, 저 드론 날릴 줄 알아요."
"진짜? 근데 제대로 찍어야 돼. 메인 피디님이 신신당부했어."
"드론만 빌려주시면, 촬영 구성안에 있는 정도는 찍을 수 있어요."
그녀는 자신만만했다. 잠시 생각을 한 후, 마음의 결정을 했다.

"그럼 네가 찍을래? 할 수 있으면 드론 감독 비용, 너한테 줄

게. 메인 피디님한테는 드론 감독 섭외했다고 말할 테니까."

"진짜요? 선배님, 잘 찍어올게요. 고맙습니다!"

그리고 드론은 추락해 버렸다. 그저 고생하는 후배, 한 푼 더 챙겨주려고 한 것뿐이다. 그래서 메인 피디님께 거짓말까지 해버린 난, 급하게 드론 대여점을 찾기 시작했다. 일요일이라 영업하는 곳도 없었지만 결국 드론 한 대를 빌렸고, 서울에서 지리산을 향해 출발했다. 액셀을 밟으며 생각했다.

'어디서부터 잘못됐을까….'

시작은 방송 생활을 시작했던 제작사 피디님의 연락이었다. 이번엔 MBC 〈생방송 오늘 저녁〉을 맡으셨고, 첫 방송을 준비하고 계셨다.

"영택아, 코너 하나 맡아줄 수 있니?"

이때 바로, 칼같이 거절했어야 했다. 하지만, 내게 이 제작사는 애증 관계였다. 증오심이 스멀스멀 올라왔다.

'6미리 손 뗀 지 3년이 지났는데도, 이 조직은 여전히 날 소모품쯤으로 생각하는구나'

이곳과 관계된 일에는 꼬일 대로 꼬여서, 이런 생각까지 들어버렸다. 언짢기도 하고, 당시 난 MBC플러스 〈피크닉 라이브 소풍〉에 매진 중일 때라 시간이 없었다. 거절하려던 찰나, 피디님이 말했다.

"피디가 없어 죽겠다. 매거진 프로그램 해 본 피디를 못 구하겠어. 혹시 아는 피디 있니?"

전혀 없었다. 아는 피디라곤 전부 이 제작사에 있었고, 사회성 없는 난, 밖에서 만난 피디들과는 연락하지 않았다. 그런데도 난, 말도 안 되는 얘기를 지껄였다.

"네, 구할 수 있습니다. 몇 명 정도 필요하세요?"
도대체 왜 그랬을까…. 그런 생각이 들었던 것 같다.

'난 더 이상 소모품이 아니에요. 피디님 밑에서 FD 하던 나부랭이가 아니라고요. 당신들이 못하는 것도 난 할 수 있어요. 이 조직은 그걸 좀 알아먹어야 해요'

머저리같이, 날 증명하고 싶었던 거다. 그래서 또 이런 말을 지껄였겠지.

"지금 다른 프로그램을 하고 있어서, 코너를 맡진 못할 것 같고요. 팀장 역할은 가능할 것 같습니다."

"팀장? 그게 뭐 하는 거니?"

이 제작사엔 팀장이란 게 없었지만, 당시 외부 제작사에서 팀장 역할은 이랬다. 본사와의 소통, 코너의 기획·시사, 코너 피디들의 관리·지원. 그냥 여기서 메인 피디가 하던 일들이었다. 당연히 피디님은 의아해하셨다.

"그거 내가 하면 되는 거 아니니?"

할 말이 없었다. 하지만 입은 구차한 말들을 늘어놓기 시작했다.

"그렇긴 한데요…. 피디님이 다 하시기엔 힘드실 것 같아서요."

매거진 프로그램은 바쁘게 굴러가기로 악명 높았다. 3~4개의 코너가 휴일이고 나발이고, 매주 전국 각지를 장돌뱅이 마냥 돌며 촬영하고, 밤새 편집해서, 생방 수준으로 틀어대는 통에 피디들의 이탈이 심했다. 24시간 대기하며 전국에 나가 있는 코너 피디들을 지원하고, 관리하는 것도 일이었다. 근데, 그걸 왜 혼자서 못해? 남의 돈 벌려면 그 정도는 해야지. 내가 생각해도 설득력 없는 설득이었다. 하지만 피디님은 그것도 그렇겠다며 수긍하셨다. 그렇게 피디님은 본사와의 소통, 코너의 기획·시사를 맡기로 하고, 난 팀장이란 이름으로 코너 피디들의 관리·지원과 제작비 정산을 맡기로 했다. 나의 콤플렉스가 낳은 기형적인 구조의 탄생이었다.

"팀장님이 이렇게 직접 오셔서 면접 보는 건 처음이에요."

내가 소모품이 아닌 팀장임을 증명하기 위해, '2주 안에 코너 피디 4명 구하기'라는 미션을 완수해야 했다. 급하게 이력서를 받아, 삼고초려했다. 집 앞까지 찾아가 면접 보고, 그들이 받던 페이에 회당 10~30만 원을 올려 제시했다. 그렇게 되면 난 회당 10만 원. 즉, 월 40만 원 밖에 받지 못함에도 그렇게 했다. 이 프로그램은 애초부터 돈 벌자고 달려든 게 아니니까. 날 증명하는 게 목적이니까. 그렇게 난 돌아버렸고, 결국 코너 피디 4명을 메인 피디님 앞에 세우는 데 성공했다. 됐어! 이제 관리만 하면 되는 거야. 하지만 시련은 지금부터 시작이었다. 모두가 까탈스러웠다. 역시나 이곳 시사의 벽은 높았고, 코너 피디들은 그 벽을 넘지 못했다. 모두가 불만이 쌓여갔다. 코너 피디들은 못 해 먹겠다고 아우성쳤고, 메인 피디님은 코너 피디들을 탓하며 계속해서 잘라댔다. 바로 충

원시키지 못하면, 내가 또 6미리를 들고 촬영·편집을 해야 할 판이었다. 피디님도 차라리 그럼 안 되냐고 날 설득했다.

'이 프로그램, 단지 메인급인 걸 증명하려고 할 뿐인데, 제가 해버리면 의미가 없잖아요'

그것만은 안 될 일이었다. 난 인력 사무소장이 돼서, 안 그래도 구하기 어려운 매거진 프로그램의 경력 피디들을 기를 쓰고 채워 넣었다. 겨우, 메인 피디님 마음에 그나마 차는 코너 피디들이 구성됐을 땐, 그들이 또 문제였다. 서로 각자 다른 환경에서 일해왔던 그들은, 자신들의 방식을 고집했다. 배차 팀이 있는데도 자차가 편하다며, 자차 타고 기름 만땅 채워 청구하는 피디. 정해진 출장비가 있는데도, 1박에 10만 원 넘는 숙소를 잡고 청구하는 피디. 법인카드로 한 끼 식사를 10만 원 긁어버리는 피디. 법인카드로 술 마시고, 밥 먹다가 반주한 거라는 피디. 법인카드로 생필품 슬쩍 사고, 소품이라고 하는 피디. 법인카드를 자기 집 근처에서 긁어버리는 피디. 회사에 편집기가 있는데도, 본인은 '파이널 컷 프로'만 쓴다며, 맥북을 대여하고 청구하는 피디. 어차피 노트북으로 편집하는데 왜 집에서 편집하면 안 되냐며, 회사로 부르면 택시비를 청구해 버리는 피디. 등등등. 그래선 안 된다고 하면, 전에 있던 곳에선 다 되는 거였는데, 여긴 너무 빡빡하다고들

했다. 로마에 왔으면 로마법을 따라야 하는데, 그들은 별로 그럴 생각이 없었다. 능력들이 있으니, 살아왔던 대로 '절이 싫으면 중이 떠나지, 뭐'란 마인드였다. 그렇게 이탈하면 내가 매우 곤란하다. 그들의 요구를 다 들어주고, 다 달래줬다. 당시 내가 했던 두 프로그램의 제작사는 같은 건물에 있었기 때문에, 양쪽을 셔틀처럼 오가며 커피와 주전부리를 사 날랐다. 제작비가 펑크 나면 내가 받을 40만 원으로 채워 넣고, 그 40만 원도 없어지면 사비를 털어서 고기를 굽고, 술을 사 먹였다. 드론이 추락하고, 고프로를 바다에 빠뜨려도 내 돈으로 변상했다. 그러다 보니 나중엔 〈생방송 오늘 저녁〉에서 내게 나오는 돈은 제로였다. 내가 제작비 정산을 했기 때문에, 다른 펑크 난 항목들을 메꾸다 보니 내 항목에 0을 적어 넣을 수밖에 없었다. 그래도 정신을 못 차리고, 이 조직에 '팀장으로서의 나'를 증명하는 것에만 집착했다.

정신을 차리게 된 건, 5개월이 지난 후였다. 그때쯤엔 혼자선 촬영이 힘들다는 코너 피디를 지원하기 위해 함께 지방 촬영을 전전했다. 그때, 아내는 첫째를 임신 중이었는데, 내가 동시에 2개 프로그램을 뛰는 통에 매일 집에서 혼자 외롭다고 했다. 그래서 배차된 스타렉스 뒷좌석에 앉아 주문진이며,

정선이며, 지방 촬영을 같이 따라다녔다. 촬영이 끝나고 일산으로 올라오는 길, 모두 잠든 차 안에서 뒷좌석의 아내를 봤다. 부른 배를 감싸 안고, 불편한 자세로 창에 기대 잠들어 있었다.

'이게 도대체 뭐 하는 짓이지?'

인생에서, 세상 누구보다 가장 편한 시간을 보내야 할 아내였다. 그런 그녀까지 이 고생을 시키면서, 난 왜 이러고 있는 거지? 다른 프로그램에서 번 돈까지 이 프로그램에 박아가면서, 도대체 난 왜 이러고 있는 거지? 이런 조직 따위에 내가 나부랭이가 아닌 메인급이란 걸 증명해서 뭘 어쩌잔 거지? 이 조직이 정말 내게 그럴만한 가치가 있는 곳인가? 소중한 사람을, 아직 태어나지도 않은 아기마저 고생시켜 가면서까지?….

접자. 다 접자.

그 주 방송을 끝으로, 5개월간의 머저리 같은 혼자만의 증명을 멈췄다. 그 5개월간, 얻은 것도 없었지만 남은 것도 없었다. 애정도, 증오도 남지 않게 됐다. 내 청춘을 갉아먹던 질기고 지독한 감기였던 애증 관계가, 날 증명해 보이려는 생각이 사라지니 거짓말같이 끊겼다. 너무나 쉬운 방법이었는데 모르는 척했던 건지, 진짜 몰랐던 건지, 10년을 훌쩍 넘은 그때야 알게 됐다. 웃기는 일이었다.

12.
찐따의 프라이드

영상을 만드는 이 업계는, 유독 자존심 센 사람이 많다. 그 자존심이 수위를 넘어 꼰대가 돼버린 사람도 많다. 2013년 MBC 〈파이널 어드벤처〉가 끝난 후, 촬영에 참여했던 프리랜서 외부 피디들과의 술자리에서 있었던 일이다. 빈사 상태로 종영까지 함께했던 편집감독님을 술자리에 모셨다. 모두 수고하셨다는 말을 나눈 후, 몇 번의 술잔이 돌았을 참이었다. 나보다 나이도, 연차도 많았던 한 피디가 말을 꺼냈다.

"근데…. 제가 촬영했던 그 부분, 편집이 잘 안 살았더라고요?"

다 끝난 마당에 무슨 말이지. 나와 동갑이었던 여자 편집감독님과 난, 동시에 그를 바라봤다. 편집을 도와달라 사정해도, 본인은 촬영만 계약했다며 거절했던 그가 말을 이었다.

"여긴 처음부터 잘못됐어. 그러니까 망했지."
"어떤 부분이 잘못됐다는 거죠, 피디님?"

편집감독님은 흥분하지 않고 물었고, 그 피디는 흥분하기 시작했다.

"편집감독이라고 편집만 해서 잘 모르시나 본데, 원래 촬영한 사람이 편집도 끝까지 해야 되는 거예요. 그래야 살려야 될 부분도 아는 거지, 예능에 무슨 편집감독이야? 언제부터 이 바닥에 그런 게 있었다고. 제가 피디 선배로서 얘기하는 거니까 잘 들으세요."

취했다고 주변에서 뜯어말려도 그는 본인의 '피디론'을 이어나갔고, 말이 멈추자 편집감독님은 내게 말했다.

"영택 피디님, 오늘은 제가 있을 자리가 아닌 것 같네요. 나중에 봬요."

3년 후, MBC 〈생방송 오늘 저녁〉 메인 피디님께 팀을 꾸리겠다고 호언장담했던 때였다. 하지만 난 그럴 깜냥이 안 됐다. 그래도 저질러놨으니 책임은 져야지. 생각 끝에 매거진 프로그램 경력이 있던, 술자리를 망쳤었던 피디가 떠올랐다. 그때는 취해서 그랬을 거야. 그 형은 인맥도 있고, 팀장으로 연결해 주면 그 형도 돈 벌고 좋은 거겠지. 오랜만에 연락을 했고, 고맙다며 생각해 보겠다는 답을 받았다. 그리고 그날 밤이었다. 그는 혀가 꼬부라져서, 내게 전화를 했다.

"야, 너 진짜 그러면 안 된다."
"네?"
당황했다. 낮의 대화와는 온도차가 컸다.

"네가 날 정말 형이라고 생각했으면, '형님. 팀을 어떻게 꾸려야 할지 조언해 주실 수 있을까요?'라고 부탁부터 했어야지. 아니야? 그래도 해줄까 말깐데, 팀으로 들어올 수 있냐, 없냐는 뭐야? 통보하는 거야, 나한테?"

야~ 이 형 봐라. 이 형 안 되겠구나. 제가 생각이 짧았다고 사과한 후, 그냥 내가 하겠다고 전화를 끊었다. 다음날, 다른 피디 형에게 전화가 왔다. 그 형이 술 먹고 내게 실수한 것 같다고, 다시 생각해 보면 안 되겠냐고 물어봐 달랬단다. '그 형 술 마시면 좀 개가 돼서 그렇지 실력은 있어. 그리고 그 형 요즘 좀 어렵던데….'라며 사정 좀 봐달라고 한 형에게 말했다.

"싫어요."

먼저 고백하면 나도 자존심이 세다. 그리고 술 마시면 나도 개가 된다. 저 피디 같은 양상은 아니라지만, 계속 내 얘기를 하고 싶다. 내 과거 얘기를 청하지도 않았던 후배들의 귀에선 피가 난다. 그래서 술자리를 피하는 난, 이제 이렇게 글로 적어 가면서까지 내 과거 얘기를 늘어놓는다. 병이다, 병. 이 바닥엔 왜 이렇게 자존심 센 사람이 많을까. 내 생각엔, 이상과 현실의 괴리 때문인 듯싶다. 이상은 높은데, 현실은 시궁창이다.

조연출 시절, 몇 안 되는 대학교 친구 중 호주로 이민 간다는 친구가 있어 모임을 가졌다. 대기업 공채에 합격한 친구도 있었고, 졸업 후 저마다 사회에 발을 들여놓기 시작했다. 각자 사는 세계가 너무도 달라져, 방송국에서 일하는 내게는 '연예인 누구 봤냐?'란 질문을 던지며 대화가 겉돌던 참이었다. 그러다 월급 얘기가 나왔다.

"신입이라 얼마 안 돼. 320만 원."
"대기업치곤 적네?"

맙소사. 놀랐다. 그때 당시 나는 밤낮없이 4년을 구른 조연출이었고, 월급은 2백만 원이 안 됐다. 졸업 전, 학교를 다니며 MBC 〈해피타임〉을 하면서 나만 돈을 벌었었고, 경제활동을 하지 않던 그들에게 치킨이며 맥주 따위를 많이 쐈었다. 그러면서 자만심을 느꼈다. 학업은 소홀했지만 신방과에서 먼저 방송을 시작한 건 나라는 자만심. 그런데 상황은 단번에 역전됐다. 그것도 심하게. 공중파 피디들 많이 받지 않느냐며, 언론 고시를 통과한 정직원과 프리랜서 피디의 차이도 몰랐던 순진한 그들에게, 말끝을 흐릴 수밖에 없었다.

"그냥 뭐…. 그렇지, 뭐."
"그래도 네가 부럽다. 신방과 나와서 방송국 다니는 건 너밖에 없잖아."

그 모임 후, 난 그들과의 만남을 피했고 자연스레 연이 끊겼다. 그리고 계속해서 시간과 건강을 얼마 되지도 않는 돈으로 바꿔가며, 프로그램을 제작했다. 이런 날 지탱한 건 명함에 박힌 '피디'라는 타이틀이었다.

'무'에서 '유'를 창조하는 사람. 그 결과물을 전 국민에게 선사하는 아티스트. 수많은 스태프를 책임지며, 연예인이든 누구든, 모든 사람이 '님' 자를 붙여가며 호칭하는, 정점에 서있는 자. 부인하고 싶지만, 내심 그런 자존심이 나를 지탱해 줬던 것 같다. 자존심이 아닌 순수한 자긍심으로 프로그램을 제작하는 피디들도 많다. 하지만 난 아니었다. 그리고 내가 겪었던 피디들은, 많은 비율로 나와 같았다. 그 자존심은 현실이 시궁창일수록 세졌는데, 이런 반비례 현상은 자신을 증명하고자 하는 피디들에게서 유독 강하게 나타났다. 그런 자존심마저 없으면, 현실을 버틸 수가 없었겠지. 나도 그랬다. 외향적인 성격의 피디들은 언제 어디서든 자존심을 내세웠고, 나 같은 찐따들은 술에 취해서야 자존심을 드러냈다. 그래서 취하고 싶었던 더러운 악순환이었다. 그 악순환은, 곳간에서 인심 난다고, 돈 좀 만지고 현실이 안정되자 멈췄다. 반비례 현상은 여기서도 작용해, 현실이 나아지니 자존심을 드러내는 일도 줄어든 것이다. 경험이 쌓이고 나이를 먹어서 깨달음을 얻은 건 아니다. 내가 개과천선한 것도 아니다. 그 더럽고 비루한 자존심이 없어진 것도 아니다. 그냥 멈췄다. 시궁창 같은 현실 속에서 날 증명하려고 자존심에 지탱하는 걸 멈춘 거다. 겨우 멈춘 것이기 때문에 다시 언제 굴러갈지 모르는 일이다. 그저 할 수 있는 거라곤, 괴물이 되지 않기 위해 매일, 내가 날 감시하는 일 밖엔 없다. 그래도 이렇게 글 쓰는 것 정도는 괜찮겠지. 스스로 타협하며 이렇게 쓴다는 구차한 변명을 또 늘어놓는다.

13.
과정의 희열

너, 아이돌 프로그램 해볼래?

MBC 〈파이널 어드벤처〉를 함께했던 선배의 연락이 왔다. MBC플러스에 아이돌 리얼리티 프로그램이 있는데, 본인은 메인 피디와 안 맞아 기획 단계에서 빠졌다고 했다. 역시, 이번에도 펑크 난 프로그램 대타구나. 어쨌든, 미팅하러 MBC 플러스에 갔다. 그 자리엔 메인 피디님과 메인 작가님이 있었다. 메인 작가님은 〈파이널 어드벤처〉의 왕 작가님이셨다. 이젠 이 프로그램 왕 작가를 하시는구나. 왕 작가님이 메인 피디님에게 말했다.

"이 친구 잘하는 친구야~ 근데 이름이 뭐라고 했었지?"

왕 작가님은 메인 피디님에게, 이름도 모르는 내 칭찬을 늘어놨다. 본인이 소개한 피디가 나가버려서 민망도 하고, 안심도 시키려고 그러시는 모양이었다. 메인 피디님은 의심의 눈

초리로 프로그램을 소개했다. 당시, MBC플러스에서는 〈어느 멋진 날〉이라는 아이돌 여행 리얼리티 프로그램을 프랜차이즈로 밀고 있었는데, 이번에는 가수 에일리 님과 엠버 님이 나온다고 했다. 둘은 친구라고 했고, 여행지는 제주도라고 했다. 그리고 덧붙였다.

"저는 그냥 다 맡기는 스타일이에요. 진행 상황이나 이런 보고만 잘해주세요."
"아…. 예."
그러면서 다 맡기는 피디는 한 번도 없었다. 대답이 미적지근하자, 메인 피디님은 한층 더 의심의 눈길을 보내며 확답을 요구했다.

"메인 피디라고 생각해 주세요. 저도 그렇게 생각하고, 작가들에게도 그렇게 말할 테니까요."
"아, 네! 알겠습니다."
그리고 그는 실제로 그렇게 했다. 난 메인 피디 아닌 메인 피디가 됐다. 행정이 아닌 전체 연출을 책임졌으니, 감독이란 말이 더 어울리겠다. 감독으로서 부탁했다.

"저랑 같이하는 중호라는 피디가 있는데요."
"네, 들었어요."

"잘합니다. 저랑 같은 분량을 마는 피디예요. 이번에도 그럴 거고요. 그래서⋯."

마음속으로 말을 정리한 후, 뱉었다.

"저하고 페이를 맞춰주실 수 있을까요? 예산이 없으면 제 걸 좀 줄이셔도 됩니다."

중호는 정말 잘했다. 중호가 편집한 부분은 손댈 곳이 없을 정도로 좋았다. 그래서 지구력 부족인 날 살렸다. 네가 살아야 나도 살아. 이 더럽고 불공정한 세상. 몸값 때문에 엿 같은 꼴을 겪어왔던 난, 중호만큼은 어떻게든 빨리 몸값을 올리고 싶었다. 메인 피디님은 망설였지만, 결국 얼추 비슷하게 맞춰줬다. 감사합니다. 미팅이 잘 끝난 후, 왕 작가님은 작가실에 가자고 했다. 좋은 작가들로 팀을 꾸렸다며 자랑하고 싶은 눈치셨다. 힘차게 작가실의 문을 열었다.

"어?!", "어?!"

왕 작가님이 말했다.

"둘이 아니?"

〈TV 완전정복〉 작가님이 계셨다. 모든 작가님이 내게 닦달할 때, 그러지 않은 유일한 분이었다. 와아, 이제 세컨 작가가 되셨구나. 아니다. 왕 작가님은 일을 안 하시니까, 실질적인 메인 작가였다. 메인 작가가 되다니, 세월 참. 후에 들으니 작가님도 나를 보며 같은 생각을 했고, 그 자리에서 우린 상전벽해를 느꼈다. 재회한 그녀는 평소엔 부드러웠지만, 할 말을 할 땐 당당했고, 소녀 같으면서도 엄마 같고, 카리스마가 있었다. 옛날 그분이 아니었다. 누가 봐도 메인 작가의 아우라가 뿜어져 나왔다. 내 삶도 녹록지 않았지만, 그동안 어떤 삶을 사신 거예요…. 여하튼, 내향적인 나로선 다행이었다. 메인 작가님은 아는 사람이었고, 언제나처럼 중호도 함께였다. 소개받은 다른 작가님 두 명과 처음 만난 연출 두 명도 모두 잘하고, 착했다. 멤버가 좋았다. 그리고 본격적으로 일을 시작하며 알게 됐다.

'그냥 좋은 레벨이 아니구나….'

이 팀엔 케미가 있었다. 연출진, 작가진 서로 날이 서지도 않았고, 기싸움도 없었다. 그렇다고 어느 한쪽이 일방적인 저자세도 아니었다. 그냥, 서로 주파수가 맞았다. 촬영 전부터, 모두가 함께 제주도의 아이템을 찾았다. 에일리 님과 엠버 님이 평소에 뭘 좋아하는지 물어보고, 출연자 맞춤형으로 그들이 제주도에서 신이 날 곳들을 상상하면서 여행 루트를 짰다. 그리고 출연자들이 신나기도 전에, 모두가 본인 여행 계획 짜듯 신나 버렸다. 안 싸운다고 프로그램이 성공하는 건 아니었지만, 어쨌든 촬영 전부터 즐거웠다. 모두가 이상하게 열심이었다. 제주도 답사에선 바다 공포증이 있던 작가님이 직접 시뮬레이션해 봐야 한다며, '씨워킹'을 하러 바다로 입수했다! 이렇게까지 한다고?! 하지만 이건 시작이었다. 촬영 첫날, 제주도에서의 첫 씬은 '에일리와 엠버, 미로 공원에서의 첫 만남'이었다. 출연자들은 미로의 갈림길마다 놓인 '절친 퀴즈'를 풀어야 했고, 정답을 맞혀야 문제지의 화살표는 올바른 길을 인도했다. 그런데 문제가 생겼다. 아직 미로 공원에 문제지를 세팅하지도 않았는데, 출연자들이 너무 일찍 도착한 것이다. 작가님이 말했다.

"영택아, 어떻게 해???"
"뛰어야지, 누나!!!"

좀 기다리라고 할 수도 있었는데, 우린 '너무 기다리게 하면 흥이 깨질 텐데'라는 생각뿐이었다. 메인 피디라는 사람과 메인 작가라는 사람이, 문제지를 나눠 들고 발에 땀나게 뛰었다. 제주도는 역시 삼다도였다. 바람이 많아서 문제지를 바닥에 붙일 수가 없었고, 작가님과 나는 서로 말할 새도 없이 땅에 망치질을 해댔다. 출연자에게 약속한 촬영 스타트 3분 전, 모든 작업이 완료됐고, 땀에 절어버린 우린, 서로 씨익 웃었다.

그렇게 제주도에서도, 누구 할 거 없이 서로 얘기하고 도와

가며 고생했다. 이건 흔치 않은 일이었다. 그러다 보니 후반 과정도 달랐다. 그동안 메인 피디님들이든, 작가님들이든 누군가 편집본에 의견 제시를 하면 태클이라 느낀 적이 솔직히 거의 대부분이다. 그래서 '난 인성이 썩어서, 공동작업인 방송은 적성에 안 맞는구나'란 자괴감에 빠지기도 했다. 하지만 이번엔 작가님들 의견에 수긍될 때가 많았다. 또 그렇게 수정하면 좋아졌다. 함께한 과정을 통해서 모두가 느끼고 있었다. 이 프로그램 잘 만드는 거, 그 목표에 모두가 진심이란 걸. 시사 때, 근거도 빈약한 의견들을 던져대고, '오늘 밥벌이는 다 했구나' 여기는 게 아니란 걸. 그래서 그 의견들은 언짢지 않았다. 그래. 〈파이널 어드벤처〉 편집감독님의 수정 지시도 언짢지 않았었지. 그래서 알게 됐다. 시사로 수없이 분노한 날들, 그건 내 인성 문제 때문이 아니란 걸. 방송은 공동작업이고, 모두가 같은 목표를 가진 사람들이라고 백날 떠들어대고, 세뇌시키면 뭐 하나. 진짜 함께 뛰지 않으면, 보고 겪지 않으면, 마음이 받아들이질 않는데. 그동안, 모두들 함께한다고 했지만 자기 일 끝나면 땡이었다. 메인 피디와 작가는 합의한 촬영 대본을 내게 휙 던지고 끝이다. 그럼 그때부터 난 혼자만의 싸움을 한다. 촬영하고, 편집하고, 밤새웠다. 그러니 편집본은 '내 새끼'가 되는 게 당연했다. 그래서 시사에서의 의견들도 '내 새끼'를 향한 린치라고 여기게 되는 게 당연했다. 하지만 자리가 깡패라고, 근거도 빈약해 수긍도 안 되는 지시

들로 '내 새끼'를 뜯어고칠 수밖에 없었다. 그래서 언짢고, 아팠던 건 당연했다. 지금도 필드에서 열받고 아파하는 분들. 그건 당연한 거예요. 당신 문제가 아니에요. 자괴감에 빠지지 마세요. 어쨌든 그래서 난 메인 피디가 돼야만, 내가 원하는 것을 내 뜻대로 관철할 수 있고, 그렇게 해야만 내 걸 만들 수 있고, 그래야 아프지 않고 행복할 거라고 착각했다. 그래 본 적이 없으니까. 로또에 맞으면 행복해지겠지. 뭐 그런 거였다. 하지만 메인 피디가 돼 보니 알게 됐다.

'그딴 거 뭐, 그냥 함께 뛰면, 즐겁구나'

어차피 인생, 행복해지려고 사는 거면, 프로그램이 내 거든, 남 거든, 그게 뭔 상관일까. 지금 이렇게 과정부터 행복해버렸는데. '결과보다 과정'이라더니, 교과서가 맞았다. 역시 교과서. 그렇다고 드라마틱하게 확 바뀌진 않았지만, 과정의 희열을 조금씩 느껴갔다.

뭣도 없는 상태에서 연출과 작가라는 사람들이 둘러앉아 머리 싸매다가, 기똥찬 설계도를 그려냈을 때의 희열. 현장 답사에서, 설계도에 그린 것보다 더 좋은 걸 발견했을 때의 희열. 설계도를 현실로 만들려고, 스태프들에게 개떡같이 얘기해도 찰떡같이 알아들을 때의 희열. 게다가 더 좋은 아이디어를 제시해 줄 때의 희열. 출연자들에게 개떡같이 인터뷰하는데도, 찰떡같은 대답이 나왔을 때의 희열. 대본도 없는데, 출연자들이 설계도대로 움직일 때의 희열. 설계도에 없는 의외의 행동이 더 좋을 때의 희열. 그 행동이 준비한 카메라에 잡혔을 때의 희열. 아니면 촬영감독의 동물적 감각으로 잡아냈을 때의 희열. 음향감독이 주옥같은 멘트를 녹음했을 때의 희열. 조명감독이 생각도 못 한 분위기를 만들었을 때의 희열. 밤새워 촬영본을 뒤지다, 아무도 몰랐던 대박 장면을 발견했을 때의 희열. 중구난방 에피소드들이 하나의 스토리로 체계가 잡혀나갈 때의 희열. 구성과 컷을 바꿨는데, 원래보다 훨씬 좋을 때의 희열. 종편감독의 CG와 색보정이 죽은 영상을 살려줬을 때의 희열. 음악감독이 깔아놓은 음악과 효과음이 영상에 집중시켜 줄 때의 희열. 등등등. 이런 것들이 리얼리티 물에서 느꼈던 과정의 희열이었다.

물론 난 내향적이라 약간의 애로사항은 있었다. 예를 들면, 보통 다른 리얼리티 물에서는 전체 스태프들을 한자리에 모아놓고, 한번 설명으로 끝낸다. 반면, 나는 많은 사람들이 쳐다보면 위축되기 때문에, 스태프를 한 분, 한 분 찾아갔다. 연출, 작가, 촬영, 조명, 음향, 거치, 드론, 미술, 등등등. 보통 열 번 이상 같은 설명을 반복했다. 그리고 출연자에게 설명을 할 때도, 권위와 위신이 없기 때문에 메인 작가님에게 대신 부탁했다. 하지만 모두 그저 애로사항일 뿐, 과정에서 느꼈던 희열에 희석됐다.

난 행운아다. 땜빵으로 들어갔던 첫 메인 연출작에서 너무 과분한 사람들을 만나버렸다. 그들로 인해 자괴감에서 탈출했고, 마지막까지도 행복했다. 8부작이 모두 하루에 연속 편성돼서 좀 빡세긴 했지만, 계약된 날까지 8편의 마스터를 만들어냈다. 그리고 난 다음날 오전, 병원에서 링거를 맞고, 오후에 여친과 결혼을 하러 갔다.

14.
사수 없는 축복

20대 그 남자, 5일째 그 자리에 있다.

도망간 피디들의 땜빵으로, 외주 제작사 프로그램의 편집을 맡았을 때다. 20대 남자 조연출이 있었고, 그는 사무실 지박령이었다. 잠시 쉬러 집에 다녀왔을 때도, 그는 5일째 같은 옷을 입은 채 멍하니 본인의 자리에 앉아있었다. 그렇게 일이 많나? 그가 좀비처럼 다가왔다.

"피디님, 시키실 일이나 필요한 자료 있으세요?"
"아니요. 괜찮아요. 없어요."

그는 다시 본인의 자리로 복귀했다. 새벽 3시, 편집하다 잠깐 커피 마시러 나왔을 때도, 그는 그 자리였다. 뭐지? 땜빵으로 와서 오지랖으로 참견하면 안 됐지만, 궁금증을 참을 수 없었다.

"일이 많아요?"

"아, 아닙니다."

그가 허둥대며 자리에서 일어났다.

"근데 왜 집에를 안 가요?"

"아, 저…. 이따 5시에 팀장님께 비타 500 사서 드려야 합니다."

귀를 의심했다. 새벽 5시에 비타 500을 줘야 한다고? 팀장이 장애가 있었던가? 손발이 없었나? 멀쩡한 양반인 것 같았는데.

"정말 그것 때문에 집에 안 가는 거예요?"

"…. 전에 집에 갔었는데, 그것 때문에 다시 오라고 하신 적이 있어서요…."

이게 2013년 일이다. 그곳에서 일하며, 팀장이 조연출에게 뭔가를 가르치는 꼴을 못 봤다. 팀장은 내겐 잘했지만, 그에겐 화를 냈다. 맞다. 그는 팀장의 감정 쓰레기통이었다. 방송바닥 아무리 도제 시스템이라지만 여기서 뭘 배울까. 저 팀장도 배운 게 그런 거라 저러는 거겠지. 팀장이 없을 때 조심스레 조연출에게 이직을 권했지만, 그는 쓸쓸히 웃으며 말했다.

"여기선 그래도 정직원이라서요…. 입봉 할 때까진 어떻게든 해보려고요…."

나는 사수가 없었다. 가르침을 주는 이가 없었다. 10년 넘게 일했던 제작사가 그런 분위기였고, 나와 비슷한 연차의 동료들 또한 같은 처지였다. 모두 힘들고 바빠서 묻기도 죄송스러웠지만, 용기 내 물어봤을 때 받았던 가르침은 이렇다.

"여기가 아카데미야? 학원이야? 아무리 조연출이라지만, 너도 돈 받는 프로 아니야?"

맞다. 돈 받으면 프로지. 지금 생각해 보면 그게 진짜 가르침이었다. 당시, 정답을 바랐던 나약한 우리들은, 말 그대로 어깨너머로 배우며 혼자 크기 시작했다.

신입이었던 내게 가장 큰 어려움은, 눈앞에 닥친 '곤란함'이었다. 어떤 문제가 생길지, 그 문제를 어떻게 대처할지도 모른다. 이 위기를 피하고 싶다. 고등학교, 길게는 대학교 때까지 정답 찾기에만 익숙해진 난, 실전에서도 답안지를 찾았다. 이때, 사수가 있었다면 그가 곧 답안지였을 테다. 그들에게 정답을 듣고 당장의 곤란함을 피했겠지. 운이 좋으면 정답에 이르는 과정까지도 들을 수 있었겠지만, 내게 그런 호사는 없었다. 그래서 문제 상황을 정면으로 맞닥뜨리게 됐다. 그리고 그 곤란함에 온몸을 뚜드려 맞았다. 정답을 알지 못하는 혼란함과 막막함 속에서, 필사적으로 대처방안을 고민하고, 찾아보고, 실행했다. 한 번에 문제가 해결됐다면 운이 좋은 거였다. 대부분 잘못된 대처였고, 이 과정은 다시 반복됐다. 폭풍이 지나간 후엔, 주위 다른 사람들이 문제를 어떻게 해결해 나가는지 유심히 보게 됐다. 그 문제가 내게 일어나지 말란 법은 없으니까. 그 관찰들은 프로젝트를 맡게 됐을 때, 어떤 문제가 발생할지 다각도로 바라볼 수 있게 해 줬고, 대처방안을 세우는 데에도 도움이 됐다. 학창 시절 쌤들이 누누이 강조했던 문제해결 능력은 그런 고민이 있어야 키워진다. 사수가 있건 없건 고민은 하겠지만, 치열함의 깊이가 다르다. 또, 답안지 보고 정답 맞혀버린 학생처럼, 일단 사수라는 답안지를 통해 곤란함을 피하면, 과정엔 관심을 두지 못하게 된다. 문제가 일단락된 상태에서 과정을 탐구하기엔, 이 바닥은 하루하루가 너무 힘들고 피곤하기 때문이다.

다른 문제는 사수에게 얻은 정답이 '정답'이 아니라는 것이다. 그건 하나의 '방법'이다. 촬영이건 편집이건, 영상 제작은 오지선다형 문제와는 달리 정답이 없었다. 게다가 영상을 보고 채점하는 선생님들조차 죄다 제각각의 기준을 가져서, 그

'정답'이란 건 정말이지 '지금은 맞고 그때는 틀리다'였다. 하지만 그곳의 우리에겐, '정답'에 이르는 그 하나의 '방법'조차 알려주는 사수가 없었다. 다른 방도가 없었다. 다들 다른 사람들이 만든 영상들을 보면서, 각자가 촬영과 편집에서 막혔던 부분을 뚫을 '방법'을 찾아나갔다. 나는 주로 〈무한도전〉을 보며 배웠다. 그리고 〈TV 완전정복〉, 〈해피타임〉, 〈TV 속의 TV〉를 거치며, 남의 촬영장에 침투해 '도둑촬영'을 하며 얻은 게 있었는데, 실제 촬영 현장을 직접 볼 수 있었다는 점이다. 그래서 그들은 어떻게 촬영하는지 알 수 있었고, 촬영 현장과 실제 방영된 완성본의 차이도 알 수 있었다. '그들은 이렇게 찍어서, 이렇게 편집해 내보냈구나' 덕분에 다양한 '방법'을 훔칠 수 있었다.

하얀 습자지였던 우리에게 처음부터 사수가 있었다면, '정답'을 향한 그분의 '방법'만을 흡수했을 것이다. 학창 시절, '정답'만을 찾는데 익숙해져 버린 우리는 분명 그랬을 것이다. 그것이 좋든 나쁘든, 사수의 스타일, 취향, 습관, 태도까지 그대로 흡수하고, 하얀 여백에 채워나갔겠지. 그리고 극단적으론 사수의 클론이 됐을 수도, 그렇게 지금까지 영상 제작을 이어왔을 수도 있다. 이런저런 영상에서, 다른 사람들의 다양한 '방법'과 '스타일'을 훔치지 못하고, 사수에게 전수받은 '방법'이 먹혔고, 나도 해봐서 안다며 그 '방법'만을 고수하고 강요하는 꼰대가 됐을 수도 있다. 하지만 MBC 〈파이널 어드벤처〉에서 만난 그 엄청났던 편집감독님도, 군대 리얼리티 예능물을 하기 전, 영화 〈제로 다크 서티〉를 몇 번을 돌려보며 호흡과 스타일을 훔쳤다. 훔쳤든 어쨌든, 다양한 인풋에서 다양한 아웃풋이 나온다.

　몇 년째 학교를 떠돌던 〈여고괴담〉의 최강희 님처럼, 몇 일째 같은 옷을 입고 사무실을 떠돌던 그 조연출은 아직도 영상 제작을 하고 있을까. 무엇을 흡수했든, 자신이 당한 일들은 잘못된 거란 인지는 했겠지. 군대에서 갈굼 당한 이등병이 병장 돼서 더 설치는 것처럼, 이 바닥은 원래 이런 거라며, 자신이 당했던 대로 후배들을 대하진 않겠지. 친절한 사수도 없었지만 못된 사수도 없었던 난, 참 축복받은 놈이다.

15.
빌런 피디

"120 어때? 괜찮지?"

파일럿 프로그램의 페이 협상에서, 메인 피디가 말했다. 난 약속된 답을 했다.

"아, 예. 피디님, 그런데 저희 페이 얘기는 앞으로 김 피디랑 해주시면 될 것 같습니다."

"응? 뭔 소리야, 그게? 걔 왜?"

"페이 얘기는 김 피디 통해서 하기로…. 얘기가 돼서요."

메인 피디의 얼굴이 구겨졌다. 아, 역시…. 이럴 것 같았다.

"너네 회사 차렸냐?"

"아, 아니요. 회사까지는 아니고요…."

그리고 메인 피디는 예상대로 분노했다.

"그럼 니들이 작당해서 나랑 뭐, 해보겠다는 거야!"

일주일 전 밤. 프리랜서들의 술자리.

"영택아, 우리가 같이 뭉쳐야 한다니까? 우리 같은 프리랜서들이 따로 노니까, 정직원들한테 맨날 이용만 당하는 거 아냐."

김 피디는 날 설득 중이었다.

"그럼 어떡해요. 노조라도 만들어요?"

"그래! 뭐, 노조까진 아니지만 비슷한 거지. 우리끼린 서로 돕자 이거지."

김 피디는 나보다 여섯 살이 많은 형이었다. 같은 제작사에서 처음 봤고, 이날은 알게 된 지 9년째 되는 밤이었다. 그가 말했다.

"난 말 잘하잖아, 여기 정직원들한테 신뢰도 쌓였고. 근데, 넌 일은 잘하는데 말을 잘 못하잖아."

"네…."

"내가 일을 따올 테니까, 넌 하던 대로 일을 해. 페이는 내가 대신, 협상에서 확실히 올려줄게."

그럼 이 사람은 얻는 게 뭐지?

"그럼 형은요?"

"내가 어차피 일을 따려면 네가 있어야 돼. 내가 편집을 못하잖아."

찝찝하다. 그냥 이용당하는 거 아닌가. 어쨌든, 술자리 말미엔 꾐에 빠져, 지금 맡은 파일럿 프로그램의 페이 협상부터 김 피디를 통하기로 결정했다. 메인 피디는 프리랜서들을 소모품 취급하는 사람이라, 우리가 이렇게 조직적으로 나오면 언짢아할 거라고 얘기했지만, 김 피디는 '돈 워리, 비 해피'였다.

"넌 왜 그리 걱정이 많냐! 내가 다 알아서 한다니까."

메인 피디의 언짢은 정도가 아닌 확실한 분노 후, 김 피디에게 상황을 전했다. 알아서 한다던 그는 그 후, 이틀째 연락이 없었고 보이지도 않았다. 고인지 스톱인지 갈피를 못 잡던 그때, 메인 피디가 말했다.

"너네 아무것도 아니라며?"
"네?"
"김 피디가 술자리에서 한 얘기라고, 네가 뭘 잘못 안 거라고 하던데?"

맙소사. 죄송하단 말과 함께 그 자리에서, 메인 피디가 제시한 페이를 OK 했다. 이거 봐라…. 통수를 제대로 맞으니 헛웃음만 나왔다. 그리고 그날 밤 김 피디에게 문자가 왔다.

'메인 피디가 너무 화가 많이 나서 어쩔 수 없었어. 나까지 그래 버리면 우리가 앞으로 일을 못 따잖냐. 미안하다'

'우리'가 일을 못 따잖냐…. 라니. 사실, 김 피디에게는 본인이 그린 청사진이 있었다. 그 청사진은 본인이 태양 마냥 중심이 돼서 우리 모두 잘 사는 세상이었는데, 문제가 있었다. 그는 입을 잘 터는 대신, 연출 능력이 없었다. 그래서 연출이 가능한 감독이 필요했고 - 내 의사와는 상관없이 - 나를 본인의 청사진에 포함시켰다. 마치 '피카츄'는 떨떠름한데 '피카츄! 너로 정했다!'라며 싸움질시키는 포켓몬 트레이너 '지우'와 같았다. 그리고 '지우'가 '피카츄'에게 진심이듯, 그는 내가 잘 되길 진심으로 빌었다. 그래서 다른 사람도 아닌 나를 영광스럽게도 본인의 청사진에 포함시켰는데, 문제는 내가 잘 되려면 본인이 그린 청사진대로 따라야만 한다고 굳게 믿고 있었다는 것이다. 뒤통수 사건 이후 만난 그에게, 난 지금 회당 120만 원을 받는다. 같이 해도 실질적인 일은 어차피 내가 다 해야 하니, 난 최소 회당 90만 원은 가져가야겠다. 그 말에 그는 서운했다가, 개와 새끼들을 찾으며 광분했다가, 나를 달랬다가, 모노드라마를 찍었다. 다 너 잘 되게 해 주려고 그러는 건데, 왜 진심을 몰라주냐는 것이었다. 그에겐 정말 그게 진심이라, 무슨 말을 해도 난 진심을 몰라주는 사람이 됐다. 그 후, 난 회사에 다녔고, 김 피디와 일할 기회는 없었다. 하지만 더 많이 만났다. 그가 일이 잘 안 풀려 할렘가인 우리 동네에 이사 왔기 때문이었다. 그는 하루하루가 우울했고 의기소침했다. 나이는 이제 마흔 중반이었고, 시대는 변했고, 스스로 할 줄 아는 건 없어서 아무도 본인을 찾지 않았기 때문이었다. 어깨가 축 처져, 자신이 뭔가 해보려고 했던 게 다 허황한 것이었다며, 반성하고 있다고, 내게 미안하다고 했다. 달라졌구나. 안쓰러웠다. 그래서 그가 지인 소개로 고향의 영상 제작업체에 들어가게 됐다고 했을 때 기뻤다. 낙향하게 됐지만 그나마 다행이라고 생각했다.

마침, 회사원 생활을 마치고 프리랜서로 복귀한 나는, 김 피디의 프로젝트를 돕게 됐다. 돈을 받았지만 돈을 더 썼으니까 도왔다는 표현이 맞다. 나이 들어서 인정받고 살아보려고 용쓰는 게 남일 같지가 않아서, 머지않은 내 미래 같아서, 그저 잘 됐으면 좋겠다는 생각에 그랬다. 하지만 그는 다시 예전으로 돌아갔다. 오히려 레벨 업했다. 본인이 잘 돼야, 모두가 잘 된다는 종교의 광신도가 됐고, 없던 갑질까지 더해졌다. 일에 대해 뭔가 물으면, 너도 이제 사업자를 낸 대표인데, 대표 마인드로 웬만한 건 넘어가야지 본인도 계속 편하게 일을 줄 거 아니냐는 거였다. 다 네가 잘 되길 바라는 마음에서 그러는데, 자꾸 그럼 자기가 힘들단다. 돈도 못 벌고 도와주는 마당에 갑질까지 당하니 어이가 없었지만, 말해봤자 도돌이표니

입을 다물었다. 하지만 이건 참지 못했다. 촬영을 도우려고 3시간 넘게 차를 끌고 또 지방에 갔던 날이었다. 그의 옆에는 처음 보는 동료 직원들이 있었다. 인사를 했다.

"안녕하세요."
"이렇게 먼 데까지 와주시고, 고생이 많으세요."
괜찮다고 대답하려던 찰나, 김 피디가 선수를 쳤다.
"아니에요. 얘는 제가 오라고 하면 오고, 가라고 하면 가는 애예요. 괜찮아요."
"…."

모두가 할 말을 찾지 못했다. 어색해진 공기에도, 그는 뭐가 잘못인지도 모르고, 곧 다른 할 말을 찾아 나불댔다. 그래. 뭐가 잘못인지 모르겠지. 나를 그렇게 깎아내려서라도 본인이 더 돋보여야 되는 거니까. 우선 본인이 잘 돼야 나도 잘 되는 거니까. 그게 또 진심이니 영원히 변하진 않겠지. 그리고 난 이 형을 알게 된 지 15년 만에, 모든 걸 차단하고, 손절했다.

피디 생활 중 몇몇 빌런이 등장했지만, 그들 모두 놀라울 만큼 비슷했다. 위에 적은 '김 피디'에서 이름만 바꾸면 되는 수준이라, 에피소드를 따로 적을 필요가 없다. 그들 모두 피디라는 타이틀을 갖고 있지만 정작 연출 능력도, 기획 능력도 없다. 하지만 그건 전혀 문제가 안 된다. 그런 피디들은 의외로 많다. 연출 능력이 없으면 연출 능력이 있는 감독과 함께 일하면 되고, 기획 능력이 없으면 기획 능력이 있는 작가와 함께 일하면 된다. 전혀 흠이 아니다. 진짜 문제는 사람을 대하는 태도다. 이 능력 없는 빌런 피디들에게 '방송판'은 '체스판'이다. 본인들은 '왕'이고 스태프들은 '말'들이다. 그리고 이들에겐 대전제가 있다.

'왕'인 내가 죽으면, '말'인 너희들도 죽는 거야!

내가 살아야 너희들도 산다. 그래서 정작 본인은 '체스판의 왕'처럼 한 칸씩밖에 이동할 수 없는 비루한 능력자이며, '말'들이 보호해주지 않는다면 곧 죽을 처지지만 당당하다. 내가 죽는 건 '게임 오버'기 때문에, 언제라도 아무 거리낌 없이 '말'들을 이용 가치에 따라 죽이거나 살려도 된다고 여기며, 행한다. 빌런 피디들은 이렇게 스태프들을 대한다. 스태프들의 의사나 기분은 관심이 없다. 그들은 '이용 가치'에 따라 분류되고 선택되며, 그 '이용 가치'란 건 '내가 잘 되는 데 얼마나 도움이 되느냐'다. 그래도 되고, 그래야 한다. 내가 잘 되는 게 스태프들을 위한 일이니까. 그러다 보니 스태프와의 공감 능력은 소시오패스 수준이다. 이 수준으로, 약자라고 분류한 스태프들에겐 함부로 행동하기 시작한다. 촬영장에서 있었던 일이다. 빌런 피디가 유튜브 사업을 한다는 누군가를 소개해 주며 말했다.

"얘도 유튜브 해. 얘 갖다 써. 막 갖다 써도 되는 애야."

처음 보는 사람에게, 나는 나이 마흔이 넘어 '막 갖다 써도 되는 애'가 됐다. 이 피디도 역시 본인의 잘못을 몰랐다. 그는, 자신은 나 같은 인력을 보유하고 있으며, 마흔 넘은 피디를 막 대할 정도로 컨트롤이 가능한 능력자임을 과시하고 싶었다. 그래서 함께하는 스태프를 깎아내리며 본인을 뽐냈고, 그건 궁극적으로 모두에게 좋은 일이라고 여겼다. 그게 본인이 생각하는 이상적인 '팀'이니까. 또, 이제 막 개인사업을 시작한 팀원의 성공을 위해 힘 있는 사람을 소개해 준 걸 고마워하진 못할망정, 뭐가 불만인지 이해를 못 했다. 신기하게도, 당연하게도 '김 피디'처럼, 자신의 진심을 몰라준다며 서운해했다.

이로써 이 빌런 피디도 내 손절 리스트, 두 명 중 한 명이 됐다.

이들은 공통적으로, 조직에서 인정받지 못하는 외톨이다. 피디는 물론 기획력과 연출력이 필요하다. 하지만 정작 이 일을 계속하며 느끼는 건, 피디는 자신이 맡은 프로젝트를 구현

해 줄 수 있는 '팀'을 유지하는 능력이 가장 중요하단 것이다. 이 '팀'은 '사단'으로 불리기도 하는데, 일단 빌런 피디들 주위에는 사람이 없다. 소시오패스 처세술 덕분에 있던 스태프들도 떠나고, 왔던 스태프들도 떠난다. 그래서 늘 사람을 찾는다. 그리고 이용 가치가 있다고 판단되면 그들이 원치 않아도, 돈이든 밥이든 술이든 온갖 방법을 동원해 '팀'이란 이름으로 곁에 묶어두려 한다. 하지만 정작 자기 사람이 되었다고 판단되면, 다시 소시오패스 처세술을 시전한다. 인정받은 적이 없어서, 자기 사람들을 함부로 하면서까지 본인 능력을 과시하고 싶어 한다. 결국, 또 모두가 떠난다. 이제 빌런 피디들은 자신은 진심으로 대했는데, 언제나 모두 자기를 이용해 먹고 떠난다며 남 탓을 하고, 비련의 주인공이 되어 혼자 상처받는다. 이런 과정이 몇 번 반복되면 방송국에서도 안다. 통으로 외주를 줄지언정 더는 이런 피디들에게 연출을 맡기지 않는다. 조직 내부에서 나가리 된 것이다. 언론노조 철밥통으로 직장은 유지하고 있는 이들은 이제 신규 프로그램 기획이나 외주 업체 관리라는 명목으로 조직 외부를 떠돈다. 그리고 약자들에게 방송국 명함을 인증하며, 내부에선 아무도 들어주지 않았던 자기 과시를 이어간다. 나도 '제작사 대표는 이래야 한다'란 '대표론'을, 대표라곤 평생 한 번도 해본 적 없는, 일개 회사원 피디 양반들에게 가장 많이 들었다. 웃기는 일이다. 나를 위해서라며, 길면 한 시간도 이어졌던 그 양반들의 '대표론'은 딱 한 문장으로 귀결된다.

'내가 네게 뭘 하든 참아라'

정작 일보다 이런 사람들 덕분에 생기는 '감정 소모'가 날 지치게 했다. 저 사람들 말대로, 그래도 대표니까 참아내야 하는 건가. 마음을 다져도, 다시 다쳤다. 대표고 나발이고, 일이 끊기든 말든, 그냥 손절했다. 즉시 마음의 평화가 찾아왔고, 반년 뒤 일은 늘었으며, 1년 뒤 매출은 배 이상 뛰었다. 사람 사는 데 다 똑같으니까, 비단 '방송판'만의 문제는 아닐 거라고 생각된다. 백약이 무효입니다. 제발 손절하세요.

16.
잘하는 일, 원하는 일

메인 피디님이 밤새 뭔가를 하신다.

2013년 한 회짜리, MBC 파일럿 프로그램을 제작했다. 연예인 자녀들이 어른 도움 없이 통영 여행을 해보는 리얼리티 교양물이었다. 7년 전 연을 맺은 성 피디님의 콜로 연출팀에 합류했다. 촬영 후, 나를 포함한 네 명의 피디가 분량을 나눠 편집을 맡았다. 성 피디님의 사무실에 얼기설기 차려진 편집실은 던전이었다. 그는 언제나 그랬듯 온화했고 나갈 문도 항상 열려있었지만, 우리 네 명의 피디는 그곳을 빠져나올 수 없었다.

성 피디님의 스타일은 방치였다. 담당 피디가 편집을 마칠 때까지 터치하지도, 길을 바로잡아주지도 않았는데, 예전부터 그래오셨다. 차라리 그게 낫다며 성 피디님과 함께한 피디들도 있었다. 어쨌든 모두가 그걸 아는지라, 촉박한 방영 일자를 맞추기 위해 피디들은 각자도생 했다. 던전에 갇혀 담당 작가와 붙어 앉아 밤새 맡은 분량을 편집했다. 그리고 약속된 시사일 이틀 전, 성 피디님은 사무실에 컴퓨터를 한 대 더 들여놓으셨다. 다른 피디가 지원 오는 건가? 편집 진도가 나가지 않았던 우린 기대했다. 하지만 컴퓨터를 켠 성 피디님은 본인이 그 자리에 앉았다. 그리고 무언가를 뚝딱거리기 시작했다. 그동안 메인 피디가 직접 편집하는 모습을 못 봤다. 게다가 컴퓨터로 직접 편집하는 모습은 더더욱 못 봤다. 상황이 이렇다 보니 직접 나서시는구나. 본편은 우리가 하고 있으니 프롤로그나 에필로그를 하시는 건가. 대선배인데 어쨌든 대단하다. 솔선수범의 아이콘이다. 감탄했다. 그리고 컴퓨터 앞에 일주일째 앉아 정신 분열 직전이었던 나도, 편집을 어느 정도 마쳤다. 함께한 담당 작가는 동갑인 친구였는데, 의욕이 넘쳤다.

"영택아, 여기랑 여기 조금만 더 고치면 안 될까?"
"혜련아. 미안한데…. 우리가 고쳐도, 성 피디님 보시면 다시 수정해. 그때 한 번에 하자. 내가 지금 힘을 다 빼버리면, 그때 죽을 것 같아."

우리는 성 피디님을 기다렸다. 한 시간. 두 시간. 그는 계속 본인의 편집에 몰두했다. 그리고 해가 떴다. 더 이상 지체하면 시사 후 수정 시간이 모자랐다. 종편실에 연락해 종편을 늦춰야 하나. 더 늦추면 모레로 다가온 방영일에 맞출 수 있을까. 대선배가 저렇게 열심인데, 모두가 말도 못 꺼내고 똥줄만 탔다. 그때였다.

"야~ 다했다. 얘들아 이것 좀 봐봐."

그 자리의 우리는 모두 말을 잃었다. 만면 가득 뿌듯한 미소를 머금고 자랑스레 보여주신 영상은, 조연출 몫의 30초짜리 예고였다. 자막과 음악까지 모두 들어간 완성품이었으되, 자막은 굴림체와 바탕체로 도배됐고, 촌스러운 효과들 범벅이었다. 이제 막 편집 프로그램을 배운 학생이 신나서 만든 과제물, 딱 그 정도였다. 이러려고 밤을 새우고, 우리 모두를 위태롭게 만드셨나….

"형, 어때? 이거 내가 처음부터 끝까지 다 만든 거야."
"그래~ 그래~ 잘했다. 이제 할 일 해야지?"

왕 작가님의 우쭈쭈 후, 시사가 진행됐고, 어찌어찌 방영도 무사히 마쳤다. 그때 다시 한번 느꼈다. 성 피디님은 정말 아티스트구나. 그를 알게 된 2006년부터 지금껏, 이런 행복한 미소를 본 건 두 번째였다. 첫 번째는 노래 '응급실'로 유명한 가수 '이지'의 뮤직비디오를 편집하셨을 땐데, 밤새 1 대 1 데

크와 씨름하면서도 시종일관 그 미소를 잃지 않았다. 7년이 지난 후, 종편실이나 믹싱실 등 누구의 도움도 받지 않고 영상을 만들어낸 지금, 그 미소는 부활했다. 이분은 예술가다. 공동작업인 방송도 수준급이지만, 진정 행복을 느끼는 건 혼자 작품을 만드실 때다. 1년 후, SBS의 프로그램을 함께하며 그 생각은 확신이 됐다.

함께 브라질로 떠난 성 피디님은 메인 감독이었다. 타국에서 발생하는 여러 상황과 여섯 명의 출연자, 수십 명의 스태프를 조율하는 역할이었다. 그날그날의 메인 에피소드는 뭐가 될지, 어떤 출연자에게서 만들어갈지 판단하고, 같이 간 우리 피디들과 스태프들을 배정해야 했다. 하지만 그는 2주간, 단 한 명의 출연자에게 집중했다. 프로그램의 중심을 이끌고 갈, 본인이 생각한 출연자의 드라마를 만들기 위해, 출연자 한 분만을 쫓았다. SBS 본사 피디들의 요청에도, 다른 출연자들은 우리에게 맡기고 홀연히 떠났다. 리얼리티 물은 리얼이니 모든 것을 담으라며, CCTV처럼 계속 카메라를 돌리란 말씀만을 남긴 채, 핸디캠을 들고 혼자 작품을 만드시러 떠났다. 예상대로 후반 과정은 지옥이 됐고, 원망했다.

2014년 당시, 성 피디님은 방송 20년 차였다. 모든 장르의 방송 프로그램을 경험했고, 잘하셨고, 끊임없이 맡겨지는 일에서 성공도 맛보셨다. 하지만 그 20년 동안, 본인이 진정 행복을 느끼는 작업보단 그렇지 않은 작업을 너무 많이 하셨던 듯하다. 본인이 잘할 수 있는 일이지만, 그래서 열정이 조금은 사그라지셨던 게 아닐까. 어느덧 2024년이 됐고, 나도 그때의 성 피디님 나이가 됐고, 성 피디님처럼 영상 제작 20년 차가 됐다. 지금도 다른 일보다 지루하진 않아서 이 일을 계속하고는 있지만, 예전의 열정은 사그라들었다. 솔직히 고백하면, 나도 성 피디님처럼 아티스트인 것 같다. 맡겨진 일은 내 기준에 찰 때까지 하긴 하지만, 애정이 생기는 것도 아니다. 예전처럼 재미도 흥미도 느끼지 못하고, 먹고살기 위해 기계적으로 하곤 한다. 애정이 없으니 아이러니하게 제작 속도는 빨라졌고, 모두가 좋아한다. 하지만 나도 대본부터 내가 쓴, 내 작품을 만들고 싶다. 한 편이라도 만들어보곤 죽어야지. 그래선지 이렇게 짧게나마 글 한 편 다 쓰면, 나도 모르게 원망했던 성 피디님의 미소를 짓고 있다. 지금은 연락이 끊겨 넘겨짚지만, 무슨 맘이셨는지 이제 조금은 알 것 같다.

17.
10년을 했는데, 적성에 안 맞아

김 피디!

점심 식사를 마치고, 사무실에 돌아가던 길이었다. 2013년 겨울, 여의도 한복판에서, 누군가 '김 피디'를 외쳤고, 뒤돌아본 사람만 내 눈에 다섯 명이었다. 그들 중 둘은 20~30대로 보였으며, 나머지 셋은 40~50대로 보였다. 공통적인 점은 그들 모두 두꺼운 패딩 점퍼를 입고, 6미리며, 삼각대를 힘겹게 들고 있었다는 것이다. 누군가 찾는 '김 피디'가 자신이 아님을 알자, 그들은 황급히 자신들의 길을 떠났다. 서른둘의 나는 아찔했다. 내 미래가 보였다. 결코, 나이 먹고도 직접 6미리를 들고 촬영하는 피디는 실패한 인생이라는 게 아니다. 그냥 내게 안 맞았을 뿐이었다. 2006년부터 6미리를 들고 남의 촬영장을 전전한 나로서는, 그것만은 피하고 싶었다. MBC 〈파이널 어드벤처〉를 끝낸 직후라, 리얼리티 물은 너무 힘들어 멘탈이 털리고, 다른 사람들에게 뭔가를 요구하며 찍는 6미리 촬영은 너무 미안해서 멘탈이 털리고, 그럼 나는 이것도 싫고, 저것도 싫고. 도대체 뭘 해야 하는 거지? 그동안 의식적, 무의식적으로 거부해 왔지만, 그 생각은 막을 수 없이 점점 커져만 갔다.

'방송, 적성에 안 맞아…'

몇 년 후, 전 회사에서 알게 된 피디 형이 고맙게도, 잊지 않고 연락을 줬다. 오랜만에 만난 형이 말했다.

"영택아, 언제까지 방송할 거니. 방송은 너무 힘들고, 미래가 없어."

방송 피디였던 그 형은, 방송을 그만두고 종합 홍보 대행사를 차렸다. 그리고 사업을 굉장히 키워, 강남 한복판에 사옥까지 마련했다. 대단하다는 말로는 부족할 정도로 정말 어마어마한 형이다. 홍보영상은 전혀 관심 없었지만 진로에 대해 늦은 고민 중이었고, 마땅히 하고 있던 일도 없었고, 이렇게 내게 손 내밀어주는 사람도 없었기에 그 형의 손을 잡았다. 낙하산으로 들어갔지만 사실 난 쓸모가 없었다. 그곳은 여러 홍보영상 프로젝트로 바쁘게 돌아가고 있었는데, 나는 연차만 그곳 팀장들만큼 쌓였지 책임자로서 일해본 경험이 없었다. 자신이 없었고 형도 내게 프로젝트를 맡기지 않았다. 일단 이런저런 프로젝트를 지원하며 어떻게 돌아가는지 파악하라고 했다. 그러다 한 관공서 홍보영상 프로젝트의 프로듀서로 투입됐는데, 이름만 프로듀서지 외부와의 연락이나 서류 작성 등 조감독의 일을 담당했다. 책임자는 감독이었다. CF만 계속 만들어오셨던 디렉터였다. CF 감독과 일하다니, 광고의 세계는 어떤 것일까. 어차피 광고도 영상 제작이니 별반 다르지 않겠지. 그리고 난 문화 충격을 받았다.

"영택 씨, 비메오에서 레퍼런스 영상 좀 찾아줄래요?"

2분의 영상이었다. 작가의 대본을 받은 감독님은, 대본을 대략의 컷들로 나누고, 내게 그 컷들의 내용과 어울릴만한 레퍼런스 영상을 찾아달라고 했다. 처음엔 몇 개의 레퍼런스 영상을 찾았다. 감독님이 말했다.

"아니, 아니. 훨씬 더 많아야 돼요."
"!"

매 컷 수십 개의 레퍼런스 영상을 찾았다. 감독님은 그 영상들을 참고해서 러프하게, 한 컷 한 컷 직접 콘티를 그리기 시작했다. 2분 영상 모든 컷의 콘티를 그리자 전문 콘티 작가에게 넘겼고, 다음날 잘 그려진 스토리보드 페이퍼를 받을 수 있었다. 와…. 모든 컷을 만들어 찍는구나. 그동안 내가 했었던 방송은, 미리 계획은 하지만 촬영장은 언제나 99% 확률로 변수가 있었다. 계획들이 틀어지는 게 부지기수였기 때문에 촬영본을 뚝딱거리며 스토리를 잡아나가는 게 일이었다. 그래서 내겐 영상미보단 구성이 1순위였고, 스토리는 0순위였다. 아직도 방송 베이스에 절여진 내게, 우선순위는 그렇다. 어쨌든, 이곳은 이미 완성해 버렸다. 촬영 전이지만 영상은 이미 완성이 됐다. 이대로 찍어서 붙이기만 하면 되는 거였다. 좋은 걸 배웠다. 나중에 써먹어야지. 이렇게만 하면 촬영은 진짜 빨리 끝나겠는데! 하지만 그건 매우 성급한 오판이었다.

촬영일, 아침 9시에 시작한 촬영은 다음 날 새벽 6시에 끝났다. 2분의 영상물을 만드는데 21시간이 걸렸다. 7명의 출연자가 있었고, 콘티대로 현장을 세팅한 후, 한 명씩 촬영을 시작했다.

"NG! 다시요!"

감독님은, 계속해서 NG를 외쳤다. 솔직히 난, 뭐가 NG인지 몰랐다. 그리고 아직도 모르겠다. 내 눈엔 다 똑같아 보이는데, 착한 사람 눈에만 보이는지 감독님에겐 미세한 차이가 보인 것 같았다. 출연자의 움직임, 표정, 카메라의 워킹, 조명의 밝기, 타이밍, 그들이 만들어내는 그림자, 소품들의 위치, 출연자와 배경이 만들어내는 미장센…. 이 모든 것이 어우러져 본인의 머릿속에 있는 그림과 완벽히 일치할 때까지, 한 컷당 수십 번의 같은 액션을 반복했다.

감독님께도 놀랐지만, 더 놀랐던 건 스태프들이었다. 그들 누구도 곤조가 없었다. 너무나 익숙하고 당연한 현장인 듯했다. 촬영감독님은 한 분이 나오셨는데, 반복되는 NG에도 심기가 불편해지기는커녕, 계속해서 아이디어를 내셨다. 감독님이 OK를 해도, 본인 맘에 안 들면 다시 한번 가자고 할 정도였다. 그렇게 촬영 모니터를 통해 보게 된 영상은, 11년의 방송 생활 중 처음 마주친 멋진 그림이었다.

조명감독님 또한 내가 그동안 함께 일했던 감독님들과는 달랐다. 당시 내가 방송판에서 겪어왔던 교양·예능 판의 조명감독님들은 그저 어두우면 밝게, 그림자 안 떨어지게, 반사판 등으로 출연자를 환하게 만들어주는 게 전부였다. 그런데 이분들은 뭐랄까, 빛을 가지고 놀았다. 대본을 미리 받고, 본인들이 연구한 조명들을 감독님께 보여줬다. 촬영감독님처럼 새벽 4시 촬영 중에도 아이디어를 냈다. 어두운 공간에서 카메라가 출연자를 반원으로 돌 때, 약속한 타이밍에 조명이 짠! 하고 켜지면 어떻겠느냐는 아이디어였는데, 이것 또한 테스트해 보니 기가 막혔다. 수십 번의 시도 끝에, 새벽 4시에 나왔던 아이디어를 실현하니 새벽 5시가 됐기는 했지만, 모두 지쳤어도 결국은 해냈다. 난, 이날 단 한 번의 촬영으로 알게 됐다. 광고판의 모든 스태프들은 아티스트라는 걸.

새벽 5시가 넘고, 마지막 한 씬이 남았다. 감독님에 내게 말했다.

"영택 씨가 남은 한 씬 찍어봐요. 전 좀 쉬어야겠어요."
내가 이걸! 그것도 이 아티스트들 사이에서 감히! 엄두가 안 났다.
"감독님, 저 한 번도 광고 촬영해 본 적이 없는데요…"
"괜찮아요. 별거 아니에요. 영택 씨도 10년 동안 해왔잖아요."

그리고 감독님은 촬영장을 떠났고, 모든 스태프들이 나를 바라봤다. 출연자가 카메라를 바라보는, 2분의 영상 중 몇 초 들어가지도 않는 정말 간단한 씬이었다. 에라, 모르겠다.

"하이~ 큐!"

완벽해. 컷을 외쳤다. 뭘 더 이상 할 게 없는데…. 하지만 그날의 경험상, 왠지 한 번으로 끝내선 안 될 것 같았다. 괜히 두 번 더 갔다. 그리고 말했다.

"됐습니다! 수고하셨습니다!"
"정말요? OK예요? 된 거 맞아요?"

10분도 안 돼 떨어진 OK 사인에 놀란 촬영감독님과 조명감독님이 연달아 물었다. 아, 내 눈엔 다 똑같구면, 뭘 더 어떻게 해….

"네…. 됐는데요…."
그렇게 길었던, 21시간의 촬영이 끝났다.

얼마 지나지 않아 형의 호의를 뒤로한 채, 난 그 회사를 나왔다. 방송에서 못 해본 것들이 많아서, 아직 방송에 미련을 버리지 못했었다. 하지만 그동안 몰랐던, '만들어 찍는 즐거움'을 그곳에서 느껴버렸다. 후에 MBC플러스 〈피크닉 라이브 소풍〉의 메인 감독을 하게 됐을 때, 메인 피디에게 강력하게 주장했다.

"제가 생각한 걸 하려면, 반드시 CF 조명감독님과 같이 해야 합니다."

메인 피디는 CF 조명감독님의 높은 단가에 머뭇거렸고, 실력을 의심했다. 하지만 웬만해선 메인 피디가 하자는 대로 했던 난, 이번만큼은 무조건이었고, 메인 피디는 결국 한 회만 해보기로 했다. 그래서 그때의 CF 감독님께 소개받은 조명감독님과 〈피크닉 라이브 소풍〉 한 회를 촬영하게 됐고, 메인 피디는 신세계를 경험한 후, 말 그대로 조명감독님께 뻑이 갔다. 내가 메인 감독을 그만둔 후에도, 메인 피디는 그 조명감독님과 제작을 함께 했다.

영상 제작에도 여러 분야가 있다. 교양이나 예능 같은 스토리 위주의 구성물에 관심이 있는 분들도, CF나 영화, 드라마 같은 작품을 만들고 싶은 분들도 있을 것이다. 그리고 요즘엔 그 두 개의 장점이 합쳐진 영상들이 넷플릭스 시리즈나 커머셜 광고로도 많이 나온다. 오래 일하고도 적성과 진로를 고민하는 분들이 있다면, 그 바닥 안에서 이쪽저쪽 다른 경험을 해보는 것도 좋을 듯싶다. 방송에 절여져 버린 나조차도 그 찰나의 경험에 각성해 버렸으니까. 조금만 더 빨리, 한 살이라도 어릴 때 그 경험을 했더라면, 그래서 조금은 더 유연하고 넓은 시각을 갖게 됐으면 어땠을까…. 란 생각이 들기도 한다.

18.
유튜브 구독자 23만 명 만든 썰

2017년 늦가을, 한 인문학 강연 업체의 영상 제작팀 팀장으로 입사했다. 온라인 강좌 판매와 오프라인 강연으로 먹고사는 중소기업이었다. 그중 온라인 강좌 영상 판매가 주 수입원이었음에도, 정작 제작팀엔 대리님과 사원, 두 명만이 고군분투하며 강좌를 제작하고 있었다. 1개의 강좌는 평균 10차시 또는 그 이상의 강의로 구성됐는데, 두 명이 구르다 보니 월평균 3개 정도의 강좌를 만들었고, 강좌 촬영 후 오픈까지는 20일 정도의 시간이 걸렸다. 그리고 경영진은 제작 기간을 줄이라며, 이 두 명에게 심한 압박을 가하는 중이었다. 정말 진정한 중소기업다웠다.

어쨌든, 우린 그 소리가 듣기 싫어 똘똘 뭉쳤다. 20일이던 제작 기간을 10일로 줄였고, 매일 야근하는 모습을 경영진에게 각인시켰고, 그래서 한 명의 팀원을 더 맞이할 수 있게 됐다. 2명이었던 제작팀이 나 포함, 4명이 됐다. 그리고 2017년 35편의 강좌를 제작했던 우리 팀은, 2018년엔 두 배가 넘는, 79편의 강좌를 쏟아냈다. 이제 회사 내에서 우리 팀을 압박

하는 사람은 없게 됐다.

하지만 문제는 있었다. 그 문제는, 경영진 중 한 명이었다. 그분 덕에 어제 왔던 사람들이 오늘 나갔고, 3개월간 퇴사자가 20명에 육박했다. 그분은 계속해서 직원들을 갈궈댔고, 남은 직원들은 의기소침해졌다. 팀장급을 제외한 대부분 직원은 20대였는데, 그 젊은 친구들마저 의욕을 잃어갔다. 이렇게 청춘을 보내다니…. 회사를 떠나서 안쓰러웠다.

"팀장님, 저희 유튜브 채널 보셨어요?"

어느 날, 마케팅 팀의 하나라는 친구가 와서 말했다. 20대인 그 친구는 당찼다. 경영진의 갈굼에도 아직 총기를 잃지 않았지만, 재기불능 되는 건 시간문제였다. 얘가 뭐, 하고 싶은가 보구나. 얘기를 들어봤다.

"유튜브에 강의 영상들 올리면…. 제작팀이 많이 힘들어지겠죠?"

2017년 당시, 우리 유튜브 채널의 구독자는 9만 명이었다. 툭툭 자른 맛보기 강의들만 띄엄띄엄 올려왔는데도 9만 명이었다. 경영진의 방침으로 모두 강좌 판매에만 목을 맸고, 유튜브 채널은 방치됐지만 혼자서 자라고 있었다. 그리고 대세는 유튜브라는 걸 젊은 우리는 알았다. 하나가 말했다.

"채널이 너무 아까워요. 채널 활용해서 회원 유입을 좀 늘리면, 매출에 도움 되지 않을까요? 저희끼리라도 뭐 해볼 수 있지 않을까 해서요."

이 젊은 녀석은, 매출이 늘어도 자기한테 떨어질 거 하나 없는데, 아직도 이런 소리를 한다. 큰일 났다. 큰일 났어. 그래서 말했다.

"그래! 우리끼리 깔짝거리지 말고, 아예 TF 팀을 만들자."

아무 생각이 없었다. 열심히 하는데도 매일 갈굼 당하는 애들, 그냥 의욕 잃지 않게, 그나마 하고 싶은 게 있으면 뭐라도 판을 깔아주고 싶었다. 그래서 경영진에게 TF 팀을 정식 건의했다. 문제의 그분은 하던 강좌 제작이나 잘하라며 탐탁지 않아 했지만, 비용도 요구하지 않고, 업무 외 시간을 갈아 넣어서 하겠다니 마지못해 허락했다. 그래서 마케팅 팀 두 명,

기획팀 두 명, 담당자인 나와 우리 제작팀으로 구성된 '유튜브 채널 TF 팀'이 결성됐다. TF 팀이라기보단 동아리에 가까웠지만 어쨌든, 팀이다. 구독자 9만 명부터 시작이었다. 때마침, 어마어마한 우군이 나타났다. 회사 오너인 최진기 선생님이 나서주셨다. 선생님은 경영을 전문 경영인들에게 맡기고 경영에서 물러나신 상태였는데, 예전에 KBS에서 방영해 큰 화제였던 '최진기의 생존경제'를 다시 해보면 어떻겠냐고 하셨다.

"전에 '생존경제' 할 때 내가 다시 하겠다고 약속한 게 있어서 말이야…. '생존경제' 다시 만들어서 유튜브에 올리면, 좀 도움 되지 않겠니?"

도움이 '좀' 되는 게 아닌, 엄청난 킬러 콘텐츠였다. 한 편 제작하는 데도 얼마나 많은 시간과 노력을 들이시는지 알고 있었던 우리는 그저 감사했다. 함께 일했던 우리는 안다. 선생님은 이 시대의 참된 오너다. 어쨌든, '생존경제'는 2018년 1월 1일, 올리자마자 가뿐하게 10만 뷰를 넘어버렸고, 2019년 5월, 최종회인 70회가 업로드될 때까지 효자 노릇을 톡톡히 했다. TF 팀의 친구들은 신이 났다. 처음 유튜브 얘기를 꺼낸 마케팅 팀 하나는 신이 나서, 팟빵, 잡코리아 등에 콘텐츠 제휴 기획안을 작성해서 돌렸고, 결국은 모두 성사시켰다. 그녀는 '생존경제'를 팟빵 채널에 공급하는 조건으로, 팟빵 홈페이지에 우리 업체를 광고해 달라고 했고, 팟빵은 OK 했다. 또 당시 회사엔 조승연 님도 계약돼 있었는데, 그녀는 잡코리아에 조승연 님의 유튜브 콘텐츠를 제공할 테니, 또 잡코리아 홈페이지에 우리 업체를 광고해 달라고 했다. 잡코리아 역시 OK 했고, 이번엔 함께 큰 이벤트까지 진행했다.

애들이 신나서 뛰댕기는 모습을 보니 좋았지만, 사실 우리 제작팀은 한 게 없었다. 그 젊은 친구들이 본인 업무시간 쪼개가며 벌여놓은 일들을, 찍고, 편집하고, 업로드했을 뿐이다. 제휴를 비롯해, TF 팀의 젊은 친구들이 기획한 회사 대표 강사들 각각의 유튜브 콘텐츠들도 제작해 주다 보니, 2017년 84편에 불과했던 유튜브 콘텐츠 제작 건수가, 2018년엔 다섯 배에 가까운 397편이 됐다. 채널에 심폐 소생을 했다. 어떤 콘텐츠를 올려도 평균 1만 뷰를 찍었다. 그리고 2018년 말엔, 9만 명이었던 구독자가 23만 명이 됐다. 1년 걸렸다.

그 후, 회사에서 해외 워크숍을 떠났다. 중소기업이었지만, 대표님이 호방하셔서 전 직원을 데리고 세부로 떠나버렸다. 세부에 도착해 즐거운 시간을 보낸 그날 밤이었다. 대표님이 말씀하셨다.

"중대발표를 하려고 합니다. 제작팀장과 주 대리, 앞으로 나와주세요."

지금 말씀하시려고 하는구나. 사실, 대표님이 나만 미리 알려줄 테니, 함구하고 있으라고 했던 그 말을, 여기서 하시려는 것 같았다. 대표님이 말을 이었다.

"오늘부로, 제작팀장은 과장에서 차장으로, 주 대리는 과장으로 발령합니다. 모두 축하해 주세요."

머나먼 타국 땅에서 승진 발표가 났다. 과장이든 차장이든 뭐 달라지는 것도 없고, 돈은 꼴랑 200만 원 올려줘서, 13년 차에 이제 겨우 연봉 3,600만 원 됐다. 그래도 뭐 박수받으니까 기분은 좋네. 우리는 자리에 돌아갔고, 옆에 앉은 대리님, 아니 이제 과장님에게 축하 인사를 건넸다.

"과장님! 축하해요!"
"…."

말없이 고개를 돌리고 있던 과장님은…. 울고 있었다. 아니,

이게 그 정도야?! 하지만 그녀에게 승진이란 건, 나와는 다른 의미인 것 같았다. 그녀는 회사가 처음 생길 때부터 함께 한 원년 멤버였다. 전문 경영인으로 중간에 들어온 대표님보다도 회사에 오래 있었다. 그리고 그렇게 계속 '만년 대리'로 회사 생활을 이어왔다. 그동안 사직서도 내봤고, 몇 번이나 그만두려고 마음먹었다고 했다. 그녀가 눈물을 닦으며 말했다.

"고마워요, 팀장님…. 팀장님 오셔서 회사가 좀 재밌어졌어요."
"아…."

순간 멍했다가, 승진을 한 것보다 기뻤고, 미안했다. 내가 뭘 했지? 다 젊은 친구들이 신나서 뛰고, 당신들이 신나서 만들고, 난 진짜 한 게 1도 없는데…. 가정도 생기고, 아기도 태어나고, 그래서 방송국에 다닐 때보다 더 동료들에게 신경을 못 써준 게 늘 맘에 걸리고 미안했었다. 그런데 이런 드라마 대사 같은 말을 듣게 될 줄은 몰라서, 울컥했다. 분위기에 취했는지 나까지 눈물이 나올 것 같아서, 갑자기 산책하러 나가겠다며 혼자 자리를 피했다. 왠지 잠도 이루지 못하고, 동료들과 계속 맥주잔만 비워댔던 세부에서의 밤은 그렇게 깊어만 갔다.

19.
대치동 일타강사

 인문학 강연 업체를 관둔 후, 개인사업자를 냈다. 회사 유튜브 채널을 키운 경험에 취해 양질의 인문학 강의를 유튜브에 풀겠다는, 당시엔 그럴싸했던 계획을 세웠다. 그리고 이 계획은 마이크 타이슨의 말대로 됐다.

 '누구나 그럴싸한 계획을 갖고 있다. 처맞기 전까지는'

 나의 계획엔, 우선 유튜브 채널의 마중물이 필수였다. '최진기의 생존경제' 같은 유명 강사의 킬러 콘텐츠가 필요했다. 하지만 이 계획에 동참하는 강사는 없었다. 그동안 내가 강사들과 말이라도 나눌 수 있었던 것은, 순전히 인문학 강연 업체의 제작팀장이라는, 회사 빨 덕분이었다. 빽 없는 내 사업 계획안을 검토해 주시는 분들은 없었고, 나도 그들을 설득할 자신이 없었다. 솔직히 나조차도 비즈니스 모델에 확신이 없었으니까. 결국, 퇴사 후 몇 달 만에 생활비가 바닥나기 시작했다. 불안이라는 쓰나미가 저 멀리서 밀려오기 시작했다. 뭐라도 해야 한다. 다시 회사원이 될 생각은 없어서, 〈뽀뽀뽀〉 FD를 했을 때처럼 알바몬을 뒤졌다. 그리고 난, 또 이곳에서 살아날 구멍을 찾았다.

유튜브 피디 구인광고를 올린 30대 초반의 그녀는, 대치동 일타강사였다. 어렸지만, 일타강사답게 부유했다. 그녀는 유튜브를 하고 싶었고, 유튜브 전문가를 원했다. 그런 그녀에게 난 사기를 쳤다. 그저 구독자 23만 명, 한 번 만든 경험밖에 없는 방송 베이스 피디인데 유튜브 전문가로 포장했다. 방송 경력과 과거 전국구 일타강사였던 최진기 선생님의 콘텐츠를 제작한 경험은 그 사기에 날개를 달아줬다. 그래서 아르바이트가 아닌, 업체는 어떠시냐는 나의 제안에도 미팅이 성사된 것이었다. 강남 바닥이 한눈에 들어오는 고층 오피스텔에서 그녀가 말했다.

"우선 실버 버튼을 받고 싶어요."
맙소사. 여기서 난 사기꾼이라고 고백했어야 했다.

그녀의 삶은 리스펙이란 말로도 부족했다. 그 어린 친구는 쉬질 않았다. 아침부터 밤까지, 평일에도 주말에도, 하루에도 몇 군데의 학원을 돌며 수업을 했다. 남는 시간엔 교재를 만들고, 강의 연구를 했다. 3D 업종 방송국 피디도 간담이 서늘할 지경이었다. 이 정도는 해야 대치동에서 일타강사 하는구나. 유튜브 운영할 시간은 될까?

"어떻게든 1년은 해보려고요. 시작은 했는데 구독자도 안 늘고, 뭘 어떻게 해야 할지 몰라서…."

그녀는 의욕이 넘쳤다. 어떻게든 뺄 수 있는 게 시간이라며, 꼭 필요하다면 제작비도 아끼지 않겠다고 했다. 이런 의지면 되겠구나. 본격적으로 채널에 대해 얘기를 나누기 시작했다. 우선 채널 정체성을 어떻게 세우고 싶은지 물었다.

"글쎄요. 브이로그도 하고 싶고, 먹방도 괜찮고, ASMR도 좋을 거 같은데 피디님은 어떻게 생각하세요?"

아. 이거 잘 안 될지도 모르겠다. 정체성을 물었지만, 요즘 잘 나간다는 콘텐츠들을 답하는 그녀를 보며 불안감이 엄습했다. 제작 전, 콘텐츠를 기획해야 할 시점에서, 공부하기 전 학습 목표 세우듯, 채널 정체성은 정해야 했다. 다시 물었다.

"그것보다…. 일단 이 채널로 뭘 하고 싶으세요, 선생님?"

"1년 안에 구독자 10만 명이요."

"예…. 10만 명은 누가 됐으면 좋으시겠어요? 학생이나 학부모일 수도 있잖아요?"

"학생…. 학생이면 좋겠어요."

"학생들이 이 채널을 보고 뭘 느끼게 되면 좋을까요?"

잠시 생각한 선생님은, 수줍지만 단호히 말했다.

"전, 학생들한테 영향력을 미쳤으면 좋겠어요. 선한 영향력이요."

학생들에게 선한 영향력을 주는 채널. 선생님이 긍정적인 롤 모델이 될 수 있는, 학생들에게 유용한 정보를 주고, 그들의 힘이 되어주는 채널. 정체성은 이렇게 합의됐다. 이 테두리 안에서 첫 스타트를 어떻게 끊을 것인가. 업체 유튜브 채널 운영을 했던 일천한 경험으로, '최진기의 생존경제' 같은 킬러 콘텐츠가 필요했다. 선생님과 함께 대화를 나누며, 캐릭터를 분석했다. 그녀는 예뻤다. 그리고 일타강사답게 강의력이 뛰어났다. 하지만 안타깝게도 텐션과 유머가 부족했다. 그녀는 진지하고 따뜻한 사람이었다. 그렇다고 채널이 실패하는 건 아니지만, 그녀는 구독자 수 증가에 로켓을 달길 원했다. 조용한 그녀가 단기간에 유튜브 콘텐츠의 홍수 속에서 떠오를까. 따뜻한 그녀가 가장 잘하는 걸 해야 한다. 선생님은 결단을 내렸다. 대치동에서 일타강사로 자리매김할 수 있었던, 본인만의 교습법을 채널에 무료로 풀기로 했다. 둘이서 제작에 들어갔고, 풀었다. 1만 뷰가 넘었고, 한 달도 안 되어 구독자 천명이 넘었다. 그 후, 수험생들의 고민 상담이나, 그녀가 원했던 브이로그도 제작했다. 그 결과 두 달 후엔 구독자 5천 명이 됐지만, 그녀는 만족하지 않았다.

"피디님. 구독자가 너무 안 느는 것 같아요."
"아니에요, 선생님. 이 정도면 괜찮은 속도예요. 구독자 대비 조회수도 높아서, 충성 구독자도 많고요. 계속 늘 거예요, 선생님."
"그래도, 이렇게 해서 언제 10만 명 될까 싶어요."

더 빠르고 정기적인 업로드로 채널이 살아있음을 알려야겠다. 그럼 선생님이 힘드실 텐데…. 불안한 그녀에게, 품이 덜 드는 숏츠 기획과 라이브를 제안했다. 그리고 그녀는 어떻게 시간을 내는 건지 놀라울 만큼, 성실히 이행했다. 하지만 구독자 수는 가랑비에 옷 젖듯 늘어갔다. 거의 제자리걸음이었다. 이런저런 영상들을 기획해 만들어도 터지는 건 없었고, 유튜브 전문가로 사기 친 나답게, 더 이상 방법도 떠오르지 않았다. 선생님은 안절부절못했고, 나도 그런 그녀를 달래느라 지쳐갔다. 그러던 어느 날, 물었다.

"선생님…. 왜 그렇게 구독자를 늘리고 싶으신 거예요?"
잠시 말이 없던, 그녀가 말했다.

"피디님. 여기는요…. 아이들한테 잊히면 바로 끝이거든요."

　처음엔 사기꾼으로 시작했지만, 어떻게든 성공시키고 싶었다. 개인사업의 첫 프로젝트라 그런 것도, 홀로 선 내 능력의 증명을 위해서도 아니었다. 안쓰러웠다. 그녀는 어린 나이에, 나와 비교할 수 없을 정도로 성공했고 돈도 많았지만, 그건 당연했다. 그런 전쟁 같은 매일을 살면, 지금보다 더 성공해야 되는 거였다. 대화를 나누며 알게 됐다. 힘들었던 어린 시절을 버티고, 성공을 위해 계속해서 자기를 증명한 삶을 살아왔다는 걸. 그 증명의 삶이 얼마나 외롭고 힘든 건지, 나도 방송국에서 그래왔기에 안쓰러웠다. 그녀가 증명하고 싶었던 유튜브에서의 성공도 이뤄주고 싶었다. 반면, 안쓰러운 만큼 그녀의 증명하는 삶이 답답했다. 거울 효과인지, 그녀를 보면 나를 보는 것 같았다. 왜 이렇게까지 힘들게 사는 거지? 마음의 평화를 외면하고, 왜 그렇게 자신을 몰아붙이는 거지? 왜 버리지 못하지? 화가 났다. 돈 받는 입장인데도, 점점 선생님을 퉁명스레 대했다. 결국 서로가 이런 상태로 1년을 채울 수는 없었다. 선생님은 유튜브를 당분간 그만하려고 하신다고 했다. 할 말이 떠오르지 않았다. 제발 건강 좀 챙기면서 하시란 말을 끝으로, 우린 헤어졌다. 아이들에게 좋은 롤 모델이 되고 싶다는 꿈을 수줍게 밝혔던 그녀는, 잊히지 않기 위해, 아직도 대치동에서 열심히 아이들을 만나고 있다.

EP2.
직업으로서의 PD

20.
피디와 헤어 디자이너의 공통점

손님. 그냥 삭발하시고, 수염 길러보시는 건 어때요?

내 머리는 영 구제가 힘들다. 그래서 한 미용실에선 저런 말까지 들었다. 매번 좌절하고 미용실을 옮겨 다니는 미용실 유목민이었고, 마지막 회사를 그만두고는 반년 넘게 주방 가위로 내 머리를 내가 잘랐다. 그러다 첫째가 초등학교 입학도 해서 단장을 좀 하고 싶었다. 집 근처 미용실 중 리뷰가 좋은 곳을 찾았다. 남자 사장님 혼자 운영하는 곳이었다.

"어떻게 잘라드릴까요~?"
"초등학교 입학식에 가야 해서요…. 좀 젊어 보이게 될까요?"
"아~ 알겠습니다~!"

좋다. 너무 흡족했다. 그 후로 1년째 이 미용실을 다니고 있다. 그러다 보니 머리 자르다 이런저런 얘기들도 나누고, 서로 사장님이라 부르며 개인사업자의 고충을 나누기도 하는데, 일단 만나면 첫인사가 이렇다.

"사장님~ 요즘 사업은 잘 되세요?"

이 미용실은 사장님의 실력과 어울리지 않게 한적했다. 머리를 하러 갈 때마다 다른 손님을 못 봤다. 그래서 사장님은 근심이 많았는데, 어느 날은 손님이 있었다. 왠지 다행이라는 생각을 하며 기다리는데 소란이 생겼다. 앞 손님이 펌을 마치고 머리를 감는데, 컴플레인을 건 것이다.

"사장님, 머리가 좀 따가운 거 같은데요."
"네? 진짜요?"
놀란 사장님은 손님 머리를 살폈다.

"두피는 이상 없는데요. 이 제품 한 번도 그런 적 없었는데…."
"아뇨, 제가 지금 따갑다니깐요?"

결국 사장님은 펌을 마친 손님에게 돈을 받지 않았다. 다 하니까 따갑다니 진상이네…. 내 차례가 돼서 의자에 앉아 조심스레 말을 꺼냈다.

"고생이 많으십니다. 사장님."

"아휴…. 아니에요, 사장님~ 괜찮아요~ 사업은 잘 되세요?"

"망조예요. 저도 저런 분들 때문에 힘드네요."

"사장님은 왜요~ 또~"

사실 나도, 한 프로젝트에서의 전면 재수정을 마치고 미용실을 들른 참이었다. 그동안 고퀄이라며 좋아했던 거래처가, 이번엔 밑도 끝도 없이 그냥 재미가 없다며 10분 영상을 5분으로 줄이라고 했다. 그럴 거면 비 맞으면서 하루 내내 찍질 않았지…. 그 얘기를 짧게 했더니 미용실 사장님이 말했다.

"사장님이나 저나 비슷하네요~"

영상 제작자와 헤어 디자이너는 비슷한 점이 많았다. 몇 가지를 살펴보면 첫째. 우리에게 찾아오는 손님들은, 보통 명확한 요구가 없다.

"유튜브 간지 나면서 고급지게…. 그냥 재밌게 만들어주세요."

"강남 간지 나면서 깔끔하게…. 그냥 멋있게 잘라주세요."

이런 두루뭉술한 요구를 받으면 스무 고개가 시작된다. 나는 일정이나 예산 등 손님들의 상황을 묻고, 미용실 사장님은 두상을 본다. 나는 레퍼런스 영상들을 제시하고, 미용실 사장님은 헤어스타일 카탈로그를 편다. 손님들의 요구가 어느 정도 파악되면, 이제 그동안 익혔던 지식과 경험을 쏟아부을 차례다. 혼자라서, 이름을 걸기 때문에, 있는 힘껏 재밌고, 멋있게 만든다. 완성된 후, 그들이 좋아하면 다행이고 뿌듯한데, 보통은 모두가 떨떠름한 표정이다. 그리고 말한다.

"제가 원했던 느낌은 이런 게 아닌데…."

둘째. 그들은, 해서는 안 될 수정을 요구한다.

"앞머리 좀 더 쳐주시고요."
"손님, 그럼 앞머리가 너무 짧아지는데요~ 윗머리도 같이 치셔야 깔끔해져요."
"…. 그냥 앞머리만 잘라 주세요."

"이 부분 날려주시고요."
"이 부분을 날리시면, 왜 이런 일을 하는지 동기 설명이 안 될 텐데요."
"…. 그냥 날려주세요."

처음엔 제대로 요구하지 않았던 손님들은, 이제부터 손을 대면 전체가 흐트러지는 부분들을 수정하길 요구한다. 내 작품을 위해서, 무엇보다 손님을 위해서 수정의 위험성을 설명하지만, 보통은 모두가 더 떨떠름해진다. '시키면 시킨 대로 하지, 왜 이러는 거야?'

셋째. 그들 중엔, 간혹 진상들이 있다. 끝까지 펌을 하고, 따갑다며 가버리는 손님처럼 이 바닥에도 진상은 있다. 한 업체와의 프로젝트 중, 다섯 번째 수정 후, 또 전화가 왔다.

"피디님. 죄송한데 수정을 한 번 더 해야 할 것 같습니다."
여섯 번째 수정이라니. 이건 안 되겠는데.

"네. 그런데 이번 수정부터는 수정비를 받아야 될 것 같습니다."
"예? ⋯."
전화기 너머로 말이 없다.
"여보세요?"
"아니, 피디님!"

그 영세 업체의 대표는 흥분하기 시작했다. 자신은 공중파 피디 출신이라는 둥, 연차가 20년 차라는 둥 얘기들을 꺼냈다. 추가 수정비를 요구했는데 왜 이런 얘기를 하는 거지? 뭐, 그래도 반갑네.

"네, 저랑 연차가 비슷하시네요. 전 MBC 출신이에요."
"…."

그가 또 말을 잃었다. 실어증에 걸린 건가 싶을 무렵 봇물 터지듯 말이 터졌다.

"아니, 공중파 피디도 하신 양반이 왜 이럽니까? 책임감도 없어요? 일을 맡았으면 끝까지 해야 되는 거 아닙니까?"
"끝까지 하긴 하는데요, 계속해서 인력이 들어가니까 비용이 들어가잖아요."
"공중파에서 수정 생기면, 비용 더 줍디까?"

이 아저씨야. 이건 공중파가 아니잖아요. 제작비도 공중파 반에 반에 반도 안 주면서. 이 거래처와는 연을 끊어야겠다. 결말은 수정 비용이고 나발이고, 제작비까지 받지 않았다. 제작비 안 받고, 납품 안 하겠다니 "알겠습니다!"란 말과 함께 재빠르게 전화를 끊었다. '땡잡았다!'라고 느낀 건 기분 탓인가. 그 영상이 어딘가에 쓰였는지, 아닌지는 확인할 방도가 없었다. 그 후로도 여러 차례 데여, 일을 맡고 계약을 깐깐하게 하기 시작했다. 하지만 그러면 계약도 하기 전, 많은 손님들이 퇴짜 났다. 대표님, 사업 그렇게 하는 거 아니란 따끔한 일침을 남기고.

사업체라고 대표란 소리를 듣는데, 일할 때만 팀을 꾸리고, 평소엔 작업실에서 덩그러니 혼자 지내니 회사도 아니다. 그렇다고 혼자서 모든 걸 다 해내는 프리랜서도 아니다. 난 스태프들이 있어야 한다. 정체성이 모호하다. 그래도 이렇게 지낸 지, 이제 5년이 넘어간다. 정말로 운이 좋았다. 그래서 겨우 살아남았다. 2024년에는 잘 되겠지. 미용실 사장님도 나도 2024년에는 운수대통하길.

21.
돈 아직도 못 받았어?

촬영감독인 친구가, 일 끝낸 지 석 달이 지났는데도 돈을 못 받았단다. 이 촬영감독님은 나랑 동갑인데 20대 때부터 같이 굴렀고, 지금은 능력자가 돼서 본인의 사업체를 운영 중이다. 그리고 내 프로젝트가 있을 때는 언제나 나와 함께해 줬다. 그런데 돈을 못 받았다는 것이다.

"아직 원청에서 돈을 못 받았대."
"…."

이해가 안 된다. 이 바닥의 이런 관례인지 룰인지 뭔지는, 옛날부터 이해가 안 됐다. 제작사는 클라이언트에게 돈을 받는 날까지, 스태프들에게 돈을 지급하지 않는다. 방송국에선 방송이 나가는 날까지, 스태프들에게 돈을 지급하지 않는다. 지금은 모르겠지만, 내가 프리랜서로 방송국에서 일했던 마지막 날까지 그랬다. 아무리 밤새워 일했어도, 그 주 결방이 되면 페이가 밀렸다. 조그맣고 귀여운 페이였지만, 그것마저도 밀려버리면 꽤 힘들어졌다. 그나마 난 좋은 제작사에 있어서 나중에라도 돈은 다 받았지만, 다른 제작사는 어떨지 모르는 일이었다.

함께해 준 스태프들의 인건비는 바로 지급하자. 개인사업을 시작하며 원칙을 세웠다. 그리고 그렇게 했다. 오래 개인사업을 해왔던 종편감독님의 조언이 있었다.

"영택아, 그러지 마."
"왜요, 원청에서 돈을 받든 못 받든, 스태프들은 일을 했으니까 줘야죠. 그럼 질질 끌지 말고 빨리 주는 게 낫지 않아요?"
"뭐, 네가 그러면 우리야 좋긴 한데, 이 바닥엔 이런 경우도 있으니까."

종편감독님의 말은 이랬다. 너도 알다시피, 이 바닥에선 클라이언트들의 수정이 끝없이 이어진다. 그럼 스태프들에게도 수정에 재수정까지 계속해서 부탁할 일들이 생기는데, 사업을 해보니까 인건비를 미리 줘버리면 잠수타는 스태프들도 많더라. 그럼 네가 힘들어진다. 그래, 그럴 수 있겠다. 오래 봐왔던 형이 겪었던, 진심 어린 조언이 고마웠다. 그래도 이해는 안 됐다. 그럼 아이들 학원 보내고, 100점 받을 때까진 학원비를 안 주겠다는 거랑 뭐가 다르지…. 탈모 때문에 병원 가서 모발이식하고, 머리털 다 자랄 때까진 수술비를 안 주겠다는 거랑 뭐가 다르지…. 우리 아이 성적과, 내 머리털이 자리 잡기 전에 선생님과 의사가 잠수탈 수도 있으니 미리 돈을 주면 안 된다는 걸까. 그게 아니더라도, 미용실이든 네일숍이든 서비스업은 일 마치면 바로 돈을 주는 게 상식이다. 이 바닥도 서비스업이다. 제작 서비스를 요청받고, 그 이상을 제공하기 위해 길게는 몇십 년 이상 쌓아온 전문지식과 고된 노동을 쏟아붓는 서비스업이다. 일 마쳤으면 바로 대가를 지급해야 한다. 클라이언트의 맘에 들어야, 그래야 일을 마친 거란 논리를 펼 수 있다. 그럼 관례 들먹이며 스리슬쩍 넘어가지 말고, 재촬영 비용이나 수정 횟수, 추가 수정비까지 계약에 포함시켜 줬어야지. 그게 각자의 분야에서 힘들게 굴러온 스태프들에 대한 예우다. 그래서 스태프들에게 일을 맡기려는 제작사 대표는 클라이언트에게 돈 받을 때까지 스태프들을 기다리게 하면 안 된다. 그들은 클라이언트를 믿고 일한 게 아니라, 날 믿고, 나와 함께 일하려고 왔다. 그리고 그들도 각자의 생활이 있다. 스태프들의 생활이 곤란해지면 안 된다. 날 믿고 온 사람들한테, '죄송한데, 조금만 더 기다려주세요'라는 말만 되풀이하며, 일 따왔답시고 몸 고생, 맘 고생 시켜도 되는 건가? 제작사 대표라는 사람은 사비를 털든, 대출을 받든, 달러 빚을 내든 빨리 책임져야 한다. 클라이언트가 늦게 주든, 판이 깨져서 아예 돈을 못 받든, 파산을 하든 어쩌든 그건 본인 사정이

지, 스태프들 사정은 아니다. 본인이 진흙탕에 빠졌다고 스태프들까지 끌어들일 순 없다. 그들이 일한 건 팩트니까. 이럴 각오도, 여력도 없다면 프로젝트를 맡는 건 무모한 짓인 것 같다. 그런 능력도 안 되면 장사 접고, 회사 들어가야지 뭐. 그래서 난 작가가 대본을 털면, 촬영이 끝나면, CG 제작이 끝나면, 종편이 끝나면, 음악 믹싱이 끝나면 각각의 스태프 인건비를 당일 지급한다. 달러 빚을 내도 그렇게 지급할 수 없는 상황이면, 프로젝트를 포기한다. 그리고 다행히도 종편감독님의 우려처럼, 수많은 수정에도 잠수탄 사람들은 아직까진 없었다. 그리고 그렇게 오랫동안 함께해 온 스태프들은 이제 일 좀 따라고 한다. 돈 줄 거 다 아니까 나중에 줘도 괜찮다고. 길게 봐선 그게 더 그들을 위한 일이란 건 확실하지만, 용기가 없어 못 하겠다. 이 바닥은 일 해놓고도 엎어지는 판들이 하도 많아서, '하이 리스크 하이 리턴'이라고 욕심으로 일을 맡았다가는 개인파산을 면치 못하기 때문이다. 소송할 여력도 없다. 엎어져서 못 주게 된 인건비로 느끼는 죄책감과 그걸 마련하려고 동분서주 뛰는 스트레스를 감내하기엔, 내 멘탈은 유리다.

이제 가정도 있고, 나도 지켜야 할 게 너무 많다. 내 생활과, 큰일이든 작은 일이든 언제라도 함께해 주는 스태프들의 생활을 모두 지키면서 모험하는 건, 소심한 나로선 쉽지 않다. 대표 깜냥이 안 되는 난, 오늘도 근근이 산다.

22.
171의 혈압

두근두근

가슴이 뛴다. 하지만 이건 설렘의 그것이 아니다. 그냥 심장 박동이었다. 언젠가부터 있는 듯 없는 듯 지나쳐야 할 심장박동이 크게 느껴졌다. 불편했고, 불안했다. 뭐지? 이번 건강검진은 꼭 받아봐야지.

'171'

서른두 살에 받았던 건강검진에서, 혈압이 171이 나왔다. 놀란 간호사분이 10분 후 다시 한번 측정하자고 했다. 뭐가 잘못됐나? 130이 정상 수치인 줄도 몰랐던 그때의 나는 또 불안해졌다. 그 상태로 다시 측정한 혈압은 174를 기록했고, 고혈압 소견을 받았다. 의사는 원인을 찾기 위해 큰 병원을 가라 했고, 뜨악한 마음으로 고대구로병원의 심혈관센터를 찾았다. 진료 대기실엔, 나를 제외한 모두가 할아버지, 할머니들이셨다. 아직은 오면 안 될 곳에 발을 들인 것 같았다. 진료 전, 간호사분이 혈압을 측정하라고 했다. 혈압측정기 앞엔 할아버지 몇 분이 탄식 중이셨다.

"큰일이에요. 또 137이네. 혈압이 내려가질 않아요."
"아이고. 영감님은 그래도 괜찮은 거예요. 전 143이에요."

아…. 나도 재봐야 되는데. 수심이 가득한 할아버지들께 부탁했다.

"저…. 혹시 다 재셨으면, 제가 재봐도 될까요?"

할아버지를 모셔 온 손자인 줄 알았던 내가 그런 부탁을 하니, 장난삼아 해보는 줄 아셨는지 마지못해 의자에서 비켜주셨다. 그리고 혈압을 측정하는 내 주위를 빙 둘러쌌다. 아…. 좀 부담스러운데. 삑!

'176'
"허어~!"

그 감탄사를 끝으로, 모두가 말을 잃었다. 젊은 사람이 어쩌다…란 눈길로, 모두가 각자의 자리로 흩어졌다. 후에 CT를 찍고, 혈압측정기를 24시간 몸에 부착하고, 고혈압 소견은 '본태성 고혈압'으로 확진됐다. 교수님이 말했다.

"젊으신데, 혈압이 높네요. 다른 검사는 별 이상 없는데···. 집에 고혈압 환자분 계신가요?"

"아니요."

"잠은 잘 주무세요?"

"아니요."

"식사는 규칙적으로 하세요?"

"아니요."

"운동은 하세요?"

"아니요."

연거푼 NO의 행렬에 교수님이 마지막 질문을 던졌다.

"···. 혹시 무슨 일 하세요?"

"피디인데요···."

"아! ···."

교수님은 더 이상 묻지 않았다. 나도 묻지 않았다. 그 자리의 우리는 고혈압의 원인을 파악해 버렸다. 침묵을 깬 건 나였다.

"그럼 전 어떻게 해야 하죠?"

"일을 그만두셔야죠?"

"…."

남의 일이라고 진짜 쉽게, 간단하고도 확실한 효과 만점의 처방을 내리신다. 교수님은 말했다. 젊은 피디들이 종종 센터에 온다. 일 그만두고 규칙적인 생활을 하는 게 최선인데, 그럴 수는 없지 않냐. 술, 담배 하면 당장 끊고, 운동하셔라. 그리고 이제부터 혈압약 드셔라.

"근데…. 그거 한 번 먹으면 평생 먹어야 되는 거 아니에요?"

"그럼 일 그만두실 거예요?"

그 후, 십 년이 지난 지금까지 난 혈압약을 먹고 있다. 물론, 교수님의 조언대로, 일을 그만둘 수도, 밤을 안 새울 수도, 규칙적인 식사를 할 수도 없었다. 운동도 하지 않았고, 술, 담배를 끊지도 못했다.

고혈압보다 나를 심하게 괴롭혔던 것은 '허리 디스크'였다. 군대 시절 다쳤던 허리가, 완치됐다고 생각했는데 방송을 하며 계속 재발했다. 자세가 개판이었기 때문이다. 밤새 편집을 한 어느 날은 허리가 펴지지 않았는데, 통증은 왼쪽 발꿈치까지 내려갔다. 그럴 땐 기역 자(ㄱ)로 겨우 일어나, 벽에 엉덩이를 붙이고 조금씩 허리를 일자로 폈다. 일자로 펴지면 다시굽힐 수 없었는데, 그 상태로 사무실 근처 병원에 가서 척추에 주사를 맞았다. 처음엔 드라마틱하게 통증이 싹 가시더니자꾸 맞으니까 이젠 그렇지도 않다. 아직까진 젊으니 연대 세브란스 교수님도 더 지켜보자 하고, 허리에 칼 대는 것도 두려워 수술은 하지 않았다. 그렇게 주사 치료, 침 치료, 물리치료, 도수 치료 등등등. 병원에 바친 돈만 수백이다. 선견지명이 있었는지 일찍이 실비보험을 들어놔서 다행이었다. 아무생각 없이 움직이면 높은 빈도로 다쳤기 때문에, 다음 움직임을 먼저 생각하고 몸을 쓰는 버릇이 생겼다. 그래도, 여전히날이 궂으면 시큰하다.

MBC플러스 〈에일리&엠버의 어느 멋진 날〉을 할 땐 팔이말썽이었다. 편집을 하고 있던 한밤중, 오른쪽 어깨가 아파왔다. 결린 건가…라고 생각했던 통증이 끝도 없이 커져왔다. 끝이 뭉툭한 막대기로 어깨를 사정없이 짓누르는 것 같았다. 키보드 위에 올린 팔을, 그 자세에서 위로 올릴 수가 없었다. 어깨는 처음인데…. 야, 이거 진짜 아프다. 신음소리가 절로나왔다. 새벽 4시에 겨우 택시를 잡아타고, 여의도 성모병원응급실에 갔다. 하지만 더 심한 분들이 많았는지 대기가 길었다. 식은땀을 흘리며 인고의 시간을 버티던 중, 드디어 의사가 왔다.

"검사를 해봐야 하는데, 지금 검사도 시간이 걸려요. 하시겠
어요?"

"!!!"

와…. 나 죽겠어요. 무슨 검사를 또 하고, 또 기다려요.

"저, 진통제 좀 놔주시면 안 돼요? 너무 아파요."

"검사 전엔 저희가 함부로 주사 치료를 할 수가 없어요."

맙소사. 진통제 한 대 안 놔주다니. 몇 번을 요청해도 거절
당했다. 이제 아침 6시였다. 검사를 하겠다고 기다리다가 택
시를 타고 집에 왔다. 그리고 집 근처 병원 문이 열리자마자
가서 진통제를 맞았다. 그리고 오후에 다시 사무실에 가서 편
집을 시작했다.

'미생'에, 무슨 일을 하려거든 우선 체력을 키우란 유명한
말이 나온다. 그 말은 진리였다. 아무리 천재라도 병에는 장
사 없다. 통증에 짓눌려 아무것도 할 수 없다. 방송을 떠난 지
금, 내겐 시간이 많아졌다. 작업실에 실내 자전거를 들여놓
고, 철봉을 설치하고, 이삼십 대에 못했던 운동을 이제야 하
고 있다. 또, "인생에는 어떤 일이 일어날지 모른다며, 능력이
나 체력을 남겨두어야 한다"는 김영하 작가의 말에 절대 공감

해, 스케줄을 조정한다. 김영하 작가는 능력의 60%~70% 정도만 써야 한다고 말했고, 비루한 지구력으로 쉽게 번아웃 됐던 나도 같은 원칙을 세웠다. 하지만 온 우주가 내 건강을 염려하는지, 내게 일을 맡기지 않는다. 그래서 요즘은 능력의 30%~40% 정도만 쓰고 있다. 나머지 에너지는 육아로 쓴다.

어쨌든, 170대를 찍던 혈압은 130대로 안정됐다. 집 근처 의사는 몇 달 더 지켜보고, 십 년 넘게 먹어왔던 혈압약을 끊자고 한다. 허리도 삐걱대지 않고, 지방간도 없어졌다. 머리도 덜 빠진다. 혼자 일하니 술도 계절에 한 번 먹을까 말까고, 밤도 안 새우고, 운동도 거의 매일 해서 그런 건가. 드디어 체력이 키워진 건가. 그런데 그것도 아닌 것 같은 게, 가끔 밤샐 때면 하루만 새워도 정신을 못 차린다. 에너지 보존의 법칙인 건지, 어릴 때 너무 체력을 갖다 써서 아직도 회복 중인가 보다. 정말 몸은 거짓말을 안 한다.

23.
최애의 아이

손을 1도 못 대겠다.

몇 년 전, 12월. 첫째 딸아이의 어린이집에서 재롱잔치가 열렸다. 그동안 코로나로 열리지 않았고, 첫째 딸이니 당연히 내 인생에서도 처음 있는 일이었다.

'4K로 찍어주겠어!'

아빠라는 사람이 그래도 피디 생활을 했으니, 제대로 기록하겠다는 굳은 결의를 다지고 4K 핸디캠을 챙겨갔다. 재롱잔치 현장에 가보니 나만 핸디캠을 가져왔다. 어쨌든, 촬영 때 늘 그랬던 것처럼, 위치 선정을 하고 카메라를 켜고 대기했다. 노래가 울렸다.

"루돌프 사슴코는~"

캐럴과 함께 조그만 아이들이 서로의 어깨에 손을 올리고 일렬로 등장했다. 몸이 기억하는 대로 REC 버튼을 반사적으로 누른 채, 내 아이를 찾았다. 어딨지? 어딨지?

"!!!"

꺅! 귀여워!!! 그녀는 빨간 상의에, 녹색 치마를 입고, 별이 달린 크리스마스 털모자를 쓰고 나왔다. 어떡하지! 너무 귀여워!!! 다른 아빠, 엄마들도 그랬겠지만 정신 못 차리고 딸아이의 앙증맞은 율동을 카메라에 담았다. 됐어! 난 이날을 위해 20년간 일해왔구나. 귀여운 CG도 입히고, 자막도 넣고, 내 모든 걸 쏟아부어 주겠어! 아빠가 평생 남을 영상을 만들어줄게! 그리고 난 아무것도 할 수가 없었다.

3분 35초의 촬영본은, 어려웠다. 브라질에서의 2주 치 촬영본을 편집했을 때도 이렇진 않았다. 너무 어려웠다. 도대체 뺄 곳이 어디 있으며, 강조해야 할 곳은 어디란 말인가. '풀샷으로 찍어서 내 아이만 잘라내야지' 처음엔 딸아이 위주로 확대해서 편집할 생각이었다. 하지만 '루돌프 사슴코' 캐럴은 흐르고, 서로 따로 놀지만, 그 조그만 아이들이 연습한 대로 각자 율동에 열심이고, 그 와중에 딸아이도 옆 친구를 흘깃흘깃 보면서 열심히 따라 하고, 그 눈, 그 표정, 그곳의 분위기, 현장음…. 난 못한다. 확대해서 다른 부분을 잘라낼 수도, 자막이나 CG로 영상을 더럽힐 수도, BGM이나 효과음으로 현장음을 죽일 수도 없다. 이 촬영본은 이 자체로 완벽하다. 이 분위기를 그대로 간직하고 싶다. 그래서 그랬구나….

"풀샷 위주로 부탁드려요."

생방 컷팅을 넘기는 내게, 네이버 관계자가 말했다. 풀샷을 많이 잡아달란 말이었다. 첫째가 태어나기 전, 아이돌 그룹인 모모랜드와 빅톤의 〈V LIVE〉 생방을 연출한 적이 있는데, 아이돌 쇼 프로그램 연출은 그때가 처음이라 의문이 들었다. 팬들은 아이돌 얼굴 보고 싶어 하지 않나? 클로즈업을 많이 따야 하는 거 아닌가?

"팬들이 풀샷을 더 좋아하더라고요."

그랬다. 팬들은 풀샷을 원했다. 수십 대의 카메라에, 화려한 무대에, 카메라 워킹에…. 그런 건 개나 주고, 그들이 진정 원하는 건 하나였다.

'어느 컷이든, 내 새끼 잘 보이게 해 주세요'

KBS와 MBC가 파업했을 때 생각이 났다. KBS 〈가요무대〉
를 하던 간부 피디들이 〈뮤직뱅크〉 현직 피디들을 대신해 연
출을 맡았다. 현란한 콘티와 카메라 워킹은 사라졌고, 영상은
〈가요무대〉마냥 얌전해졌고, 모든 멤버를 담아냈다. 그리고
호평이 이어졌다(관련 기사 댓글을 옮깁니다).

오늘 뮤직뱅크 카메라 워킹 되게 안정적이고 좋았어
요. 사실 뮤직뱅크 카메라 워킹 진짜 너무 정신없었거
든요. 역시 괜히 부장급이 아니네요….

오늘처럼만 하세요. 평소엔 수전증 걸린 양 마구 흔들
고 조명 퍼붓더니만 오늘은 보기 편하네요.

팬들은 내 '최애의 아이'만을 바라본다. 그들이 어디 있는지,
누굴 보는지, 어떤 말을 하는지, 표정은 어떤지, 어떤 행동을
하는지, 단 한 컷도 놓치고 싶어 하지 않는다. 한 컷이 아니
다. 1초는 30장의 사진으로 구성돼 있는데, 그중 한 장(한 프
레임)도 놓치고 싶어 하지 않는다. 내가 내 딸의 재롱잔치 영
상에서 그랬던 것처럼 - 풀샷에서도 내 딸을 찾아내고, 그녀
만이 내 눈에 확대돼 보였던 것처럼 - 팬들도 '풀샷'일지언정,

'내 새끼'를 찾아내고야 만다. 그리고 그렇게 '내 새끼'와 현장의 분위기를 공유한다. 그게 본질이었다. 시청자들은 내 '최애의 아이'만을 바라본다. 몇억 원을 들인 무대 세트나, 화려한 카메라 워킹이나, 조명이나, 특수효과나, LED는 '최애의 아이'를 돋보이게 해 줄 수 있다. 하지만 본질은 아니다. 그저 배경일뿐.

딸아이의 재롱잔치 후, 잠시 MBC플러스 〈주간아이돌〉의 유튜브 클립 영상을 제작할 기회가 생겼다. 내 딸 재롱잔치 영상 백 번 돌려본 것처럼, 팬들은 어떤 영상이든 '내 새끼' 보길 원하고, 그럼 '길고 오래 보여주겠어!'란 마음에 '슬로우캠'이란 걸 기획했다. 사실, 기획이라고 할 것까지도 없고, 그냥 〈주간아이돌〉 미방분을 고속 촬영한 슬로우 영상으로 보여주는 것뿐이었다. 그리고 난 '배우신 분'이 됐다(관련 영상 댓글을 옮깁니다).

난 또 보는 순간 뇌에서 자동 슬로우 되는 줄…. 슬로우캠이라니 배우신 분!

슬로우캠이란 게 원래 있었나? 주간아이돌이 덕질 할 줄 아네ㅋㅋㅋ 팬들의 니즈를 너무 잘 파악해~ 칭찬해!

이거 보다가 문득 앞에 있는 거울 봤는데 내가 이렇게
행복하게 웃고 있었구나 싶었음…ㅋㅋㅋㅋ

어느 순간부터 쇼 프로그램 피디들은 밤새워 현란한 콘티를 짜고, 카메라를 늘리고, 카메라 워킹을 연구하고, 무대에 돈을 들여 연출한다. 그리고 뮤지션들을 빛내주기 위해 난 이렇게까지 했다며, 본인이 준비한 걸 보여주느라 정작 팬들이 원하는 '최애의 아이'는 소홀히 한다. 멋진 무대 연출을 위해 밤새웠던 노력이, 진정 '누굴 위한 것이었을까'를 곰곰이 생각해볼 시간이다. 뮤지션을 위한 것이었을까, 아니면 날 위한 것이었을까? 뮤지션을 위해 출발했지만 '난 달라! 난 이것도 할 수 있다고!'란 자기 과시에 빠져버린 건 아니었을까? 이런 목적 잃은 자의식 과잉을 '연출병'에 걸려버렸다고 한다. 이 병에 걸려 본질을 잊어버린 피디들과 클라이언트들이 많다. 그저 '있어 보이는 것'에 집착해 '시청자의 니즈'라는 본질을 무시하고, 무대나 자막이나 CG 등 잔기술에 탐닉한다. 아이돌 프로그램의 본질은 '아이돌을 보려는 시청자'다. 팬들을 위한 프로그램에선 이것이, 기획의도를 뛰어넘는 진리다.

24.
뽀빠이의 탄식

　2012년, MBC에는 〈늘 푸른 인생〉이라는 프로그램이 있었다. 생소한 프로그램일 수도 있다. 일요일 아침 6시에 방영됐고, 그 시간엔 모두 자고 있었으니까.

　내용은, 예전 SBS에서 했던 〈고향에서 온 편지〉처럼, 시골 마을의 어르신들과 함께하는 '고향 토크쇼'였다. 〈TV 속의 TV〉에서 일하던 난, 이 프로그램 취재를 위해, 한여름 혼자 6미리를 들고, 경북 영주시 풍기읍의 금계리란 마을을 찾아갔다. 도착한 현장은 분주했다. 한쪽에선 어르신들이 앉을 플라스틱 의자를 깔고 있었고, 다른 한쪽에선 7월의 뜨거운 태양을 막아줄 차광막을 설치하고 있었다. 땀을 뻘뻘 흘려가며 열심이던 이들은 세트 팀이 아닌 제작진이었다.

　'시작도 하기 전에 쓰러지겠는데….'

　〈늘 푸른 인생〉은 〈TV 속의 TV〉처럼 변방의 프로그램이었다. 변방의 프로그램은 공통점이 있다. 본사 제작이 아닌 외주 제작이라는 것. 열악하다는 것. 〈TV 속의 TV〉는 MBC 자회사 제작이라 그나마 상황이 나았지만, 이 프로그램은 그렇지 않았다. 연출팀, 작가팀, 촬영팀, 오디오팀 10명이 모두 붙어서, 뙤약볕 아래 손수 무대를 세웠다. MC는 '뽀빠이'로 유명하신 이상용 선생님이었다. 어렸을 때 챙겨봤던 '우정의 무대' 이후, 실제로 뵙기는 처음이었다. 현장 스케치를 어느 정도 마치고, 선생님께서 잠시 쉬시는 시간에 인터뷰를 진행했다. 마지막으로 '이 프로그램을 하면서 힘들거나 어려운 점'에 대해 질문을 드렸을 때, 선생님은 한동안 말씀이 없으셨다. 내 6미리는 돌아가고 있었고, 이윽고 선생님은 카메라를 보고 말씀을 시작하셨다.

(미방송분 인터뷰 녹취록이 남아있어, 그대로 적습니다.)

이상용 님 인터뷰

제가 40년째 사회를 보면서, 프로그램을 한 30개 했습니다. '우정의 무대' 때는 정말로 목숨 걸고 했어요. 그런데 힘든 건 이게 제일 힘듭니다. 왜냐면요. 대본대로 안 되거든요. 할아버지가 무슨 말을 할지 몰라서 모든 걸 스탠바이하고, 집중해서 듣고, 웃기도 하면서, 어린냥도 해가면서, 애교도 떨면서 이렇게 긁어내는 거거든요. 와서 제작하는 걸 한 번 보면 눈물 날 겁니다. 열악하고 무대가 있어요? 무대는 땅이 질면 짚단 두 단이 무대입니다. 뒷배경은 그 동네 오백 년 된 나무가 무대입니다. 조명이 없습니다. 해지면 못 찍거든요. 조명 빌릴 돈이 없으니까. 그런데 녹화하다가 비행기 소리 나면 또 중단이 돼요. 행상들 왔다 가면 중단되고 또 개 짖는 소리 나면 중단하죠. 무지하게 오래 걸리고 NG가 많이 나는 프로그램입니다. 이 프로가 보실 때는 잘 모르지만요. 정말 스태프들 11명이 만드는데 고생합니다. 밥도 제대로 못 먹고요. 이 아이들 세 시간 동안 긴 마이크 들고 벌 서는 놈, 그냥 별 고생하는 애들 보면 눈물이 나고, 새벽에 나와서…. 한창 잠잘 나이의 애들입니다. 새벽 두 시에 깨가지고 세시에 집합하거든요. 이래 가지고 집에 가면 밤 7~8시 돼요. 이러니 오늘 같은 경우는 가깝잖아요. 풍기인데도 가까운 거예요. 다른 때는 남해, 진도, 강진, 완도, 양양, 묵호 이렇게…. 이거 언제 올지 모를 정도로 힘듭니다. 이게 9년 했으면 인기 프로그램이거든요. 환경이 이런 데서 이 프로가 시청률 1등 하지 않습니까. 그런데도 너무나 우리 제작진을 격려하는 법이 없어요. 저는 원로서서 할 말은 하는데요. 왜 높은 분이 불러가지고 격려 한마디만 하면 우리 제작진도 좋아할 겁니다. 난 누가 높은 사람인지 몰라요. 이 프로그램, 우리 피디밖에 모르는데 한 번 뭐, 점심을 산 적도 없고 불러서 저녁 산 적도 없고…. 서운해서 제가 말씀을 드리는데요. 한 번 불러서 격려를 하시든지 아니면 방송 무슨 상주는 게 있더군요. 아침에 할아버지 프로그램은 찬밥이에요. 한 번, 두 번 상에 거론된 적도 없고 이 고생을 하는데 무슨 공로상이라도 받으면 이 제작진들이 얼마나 즐겁겠어요.

그리고 우리 '늘 푸른 인생' 총 제작비가 MBC 방송에 사회자 1회분 값도 안 됩니다. 이런 것은 제도 자체가, 내가 말을 한 번 했어요. 그랬더니 편한 거 맡지 왜 그런 프로그램을 맡았냐고 해요. 말도 안 되는 소리를…. 저희들이 돈 때문에 하는 프로그램이 아닙니다. 어르신들이 숫자가 얼마나 늘어난 시대인데 어르신들을 위한 프로가 이거 하나거든요. 이거는 세계적인 프로그램입니다. 시작하자마자 끝까지 웃습니다. 저녁때 뉴스 하기 전에 여덟 시부터 아홉 시까지 한 시간을 특집으로 내보내면 전 국민이 아마 깜짝 놀랄 겁니다. '어? 이런 프로그램이 있느냐? 진짜 프로그램이더라~' 짜고 하지 않는 프로그램이 이거거든요. 다른 거 전부 짜고 하지 않습니까? 근데 이거는 무슨 말이 튀어나올지 모르기 때문에 이걸 짤 수도 없고 막 만드는 거거든요. 이런 것은 1년에 한두 번, 연말이나 추석 전에나 특집으로 한 시간을 내보내면 얼마나 히트 치겠습니까? 그런데 일요일날 새벽 6시에 하니까, 토요일날 술 먹고 새벽에 들어와서 다 자요. 할아버지만 일찍 일어나서 이 프로그램을 봐요. 할아버지가 고생한 걸 할아버지가 봐서 무슨 득이 됩니까? 진짜 봐야 할 사람은 며느리, 딸, 손자 이런 사람들이 봐야 해요. 이런 거 진짜 우리 할아버지, 할머니들이 이렇게 살아오셨다 고맙다 이런 것을 느껴야 하는데 새벽 6시에 하니까 누가 봐요? 이런 프로그램을 함께 가족이 보면서 '아이구 우리 엄마같으다', '어! 우리 동네 나왔네. 엄마도 저랬어?' 이러한 이야기를 나누는 이 프로그램을 남이 안 보는 시간에 딱 내보내거든요. 새벽 6시에. 다 잘 시간에 한다는 것은 너무나 홀대하는 게 아닌가. 이렇게 한다는 건 편성 상에도 문제가 있다.

이렇게 열악하게 하는데도 시청률이 높게 나온다니까 너무 저희들은 기분이 좋고, 긍지를 갖고, 정말로 영광으로 생각합니다. 이 프로그램을 사랑하시는 어르신들 여러분에게 감사 말씀 드리고요. 어르신들이 살아온 것이 얼마나 많은 역경과 고생을 하고 왔는지, 하나 같이 고생하셨어요. 여러분들이 살아오신 그것이 밑거름이 돼서 나라가 굴러가고 있습니다. 건강하시고, 이 프로그램 보시면서 웃으시고, 경로당에서 잘 살아나가셨으면 고맙겠고요. 저도 열심히 쫓아다니겠습니다. 전국에 할머니, 할아버지. 뽀빠이가 갑니다. 기다리십시오.

그리고 하나뿐인 어르신 프로그램 〈늘 푸른 인생〉은 2016년 4월 3일 종영됐다.

아무래도 선생님은 날, MBC 본사의 교양국 정직원 피디로 착각하셨던 것 같다. 아니면 아무도 취재 오지 않는 변방의 프로그램에 누군가 왔고, 그게 30대 초반의 힘없는 나였더라도, 그저 들어줄 사람이 필요하셨을까. 후자였던 것 같다. 방송 경력 40년이 훌쩍 넘어버리신 선생님께서는, 본인의 말이 방송에 나가지 않을 거란 걸 잘 알고 계셨다. 그리고 힘없던 나는, 역시 선생님의 말씀을 방송으로 내보내지 못하고, 십년이 지난 이제야 글로 내보낸다. 그리고 피디의 인터뷰도 덧붙인다.

이민행 피디 인터뷰

가장 기억에 남는 게 하나 있다면 연천의 어떤 할머님
께서 아들을 잃어버린 지 33년이 되셨어요. 그분이 저
희가 사연 방송을 해드리고 나서 그 아드님이 연락을
하셨답니다. 그래서 33년 만에 아들을 찾았다고 저희
한테 연락을 주셨어요. 그때 굉장히 뿌듯했어요.

나는 이 일을 그저 '지루하지 않아서' 했지만, 다른 분들은
아니다. 〈늘 푸른 인생〉의 이민행 피디님이 그랬던 것처럼,
자신의 프로그램에 대한 긍지를 가진 피디님들도 많이 봐왔
다. 그리고 그 긍지는 열악함을 이긴다. 하지만 언제까지 긍
지만으로 열악함을 이겨내야 할까. 〈늘 푸른 인생〉의 시청자
게시판을 보면, 종영 후 오랜 시간이 지났음에도 영상 다시
보기를 원하는 시청자들이 많다. 모두 이제는 돌아가신 부모
님이 그리워 여기까지 와서 글을 남긴 것이다. 이 사실만으로
도, 이 프로그램은 현재까지도 의미가 있는 프로그램이다. 하
지만 이런 의미가 있는 프로그램들은 아이러니하게도 돈을
벌지 못한다. 자본주의 논리로 돈을 벌지 못하는 프로그램은,
제작비 지원은 물론 편성마저 형편없다. 공중파 방송은 돈을
벌어야 하는 게 맞지만, 공공재이기도 하다. 공공재는 모든
사람이 이용할 수 있는 서비스다. 그래서 공중파 방송은 돈을

벌지 못해도 의미가 있다면, 그게 일부의 누군가라도 그들을 위해 프로그램을 만들 의무가 있다. 또 공중파 방송은 이런 프로그램을 제작하는 사람들의 긍지가 열악함에 꺾이지 않도록 지켜야 할 의무도 있다. '긍지에 걸맞은 대우'라는 당연한 사실이, 진짜, 참, 그렇게 어렵다.

25.
왜 명문대를 가야 되느냐

　조연출 시절, 프로그램 회식 날이었다. 마침 그날은 새로 뽑은 프리랜서 FD가 처음 출근한 날이었고, 그 친구는 첫날부터 회식 겸 환영회를 하게 됐다. 메인 피디님이 FD에게 자기소개를 시켰고, 그 친구는 소주병에 숟가락을 꽂아 마이크를 만든 뒤 말했다.

　"잘 부탁드립니다. FD로 시작하지만, 곧 여기 계신 피디님들보다 훌륭한 프로그램을 만들어 보이겠습니다. 선배님들, 열심히 하겠습니다."

　다음날, 20대 초반의 그 친구는, 열심히 해볼 겨를도 없이 잘렸다. 적응 못 하고 사고 칠 거 같다며, 메인 피디님이 정리하라고 했단다. 그 패기 넘치던 친구는 자신이 정직원인 줄 알았던 걸까. 그래서 이 조직에 가족으로 받아들여졌다고 생각한 걸까. 20대 초반의 나이까지 실패와 좌절이란 건 한 번도 겪어보지 못한 걸까. 그래서 너무나 자신감에 취했던 걸까. 아니면 술에 취했던 걸까. 요즘 친구들이라 그런 건 아니었다. 그 후, 십 년의 시간 동안 많은 친구를 뽑았지만, 그런 패기 넘치는 자기소개를 한 친구는 없었다.

전문 HR 인사담당자는 아니었지만, 프리랜서 연출부는 직접 많이 뽑았다. 방송은 힘들고 험한 일이라 자기소개서를 먼저 봤다. 이 일이 얼마나 하고 싶은지, 그 글의 온도가 얼마나 뜨거운지를 느꼈다. 어떤 기술을 배워왔든 그건 중요하지 않았다. 이곳의 시스템에 맞춰 처음부터 다시 배워야 한다. 그러려면 뜨거워야 했다. 하지만 대부분 뜨겁지 않았다. 그래서 다음으론 어떤 경험을 했는지 봤다. 경력 피디를 뽑을 땐, 그동안 해왔던 프로그램들을 봤다. 나부터, 하도 이 팀 저 팀 돌아다녀서, 프로그램명을 보면 얼마나 어려운 프로그램인지 보였고, 직급을 보면 그곳에서 어떤 역할을 했는지 보였다. 힘들었겠구나. 할만했겠는데. 그리고 근무 기간을 봤다. 할만한 프로그램이라도, 이 바닥은 사람 때문에 지치는 경우가 많으니 근무 기간이 짧은 경우가 많다. 나부터 그랬으니까. 리얼리티 물과 시즌제 프로그램을 제외하고, 레귤러 프로그램은 3개월의 마지노선을 정했다. 이 바닥, 한 계절 버텼으면 애썼다.

신입 FD나 조연출의 경우엔 프로그램 제작 경력이 없다. 이 친구들이 영상 제작을 위해서나, 그게 아니라도 목표 달성을 위해 어떤 경험을 했는지 봤다. 일단 내겐 다양한 경험은 필요 없었다. 성공이든 실패든, 그것도 중요하지 않았다. 목표 달성을 위해 얼마나 몰입하며 버텨냈을지, 그게 중요했다. 활동 프로젝트명을 보고 미루어 짐작해서, 그 과정을 단 하나라도 내가 느꼈다면, 면접을 잡았다. 그마저도 없다면, 마지막으로 학교를 봤다. 얼마나 좋은 대학교인지, 또는 학점이 어떤지를 봤다. 하지만 이 친구들의 지식수준이나 지능은 전혀 관심이 없다.

좋은 대학교에 다닌다는 건, 그 자체가 공인된 증명이다. 그 대학교에 가기 위해 이 친구는 초등학교부터 고등학교까지 12년을 애써온 거다. 그 대학교가 목표였든 아니든, 이 친구는 온갖 유혹을 뿌리치며, 남들보다 오랜 시간 책상에 앉아있었던 거다. 공부든, 예체능 특기든 뭐든, 이 친구는 뭔가에 오랜 시간 몰입했고, 버텨냈다. 좋은 대학교의 졸업장은 그 12년에 대한 보증이다. 같은 논리로 좋은 학점이란 건, 좋은 대학교가 아니더라도, 적어도 대학교에서의 과정을 보증한다. 아싸였든, 사회성이 없든, 말을 못 하든 어쩌든, 이 친구는 적어도 2년에서 4년의 세월을, 힘들고 지치지만, 몰두하고 해냈던 거다.

나는 요즘, 한겨레 신문사의 유튜브 채널 〈육퇴한 밤〉이란 콘텐츠 편집을 하고 있다. 게스트로 전 MBC 피디였던 김민식 님이 나왔는데, 그분도 같은 생각을 하셨다. 김민식 피디 님의 인터뷰를 옮긴다.

김민식 피디 인터뷰

여러분이 피디가 되려면 가장 먼저 해야 될 건, 지금 공부를 열심히 해서, 명문대 신문방송학과나 언론홍보학과를 가는 겁니다. 왜 명문대를 가야 되느냐? 피디는 결국은 밤새 촬영하고 밤새 편집하는 사람인데, 이렇게 밤을 새워서 일하는 사람들을 봤더니 중고등학교 때 밤새워 공부한 친구들이더라고요. 중고등학교 때, 내내 놀기만 하던 사람이 갑자기 나이 서른 살에 밤새워 일하는 건 쉽지 않아요. 아이들한테 이야기합니다. '여러분들이 취업을 잘하려면, 결국은 당신이 성실한 사람이라는 걸 증명해야 되는데, 그 입증하기 가장 쉬운 방법이 명문대에 가는 겁니다'

그렇다면, 좋은 대학교에 가지 못하고, 좋은 학점을 받지 못

하면 피디가 될 수 없는 걸까. 그건 아닌 것 같다. 나도 학점이 2.8 밖에 안 됐으니까. 학점과 FD·조연출 생활을 바꿨고, 그 경력이 조금은, 김민식 피디님이 말씀하신 '성실함'을 증명한 것 같다. 김민식 피디님의 인터뷰를 덧붙인다.

아이들이 '내 인생은 망했구나', '나는 아마 이제 망한 것 같아'라고 생각을 해요. 그럼 제가 다시 얘기를 하죠. 여러분에게는 두 번째 기회가 옵니다. 20살 이후에 내가 좋아하는 거 딱 하나만 찾으세요. 그걸 미친 듯이 열심히 해서 그걸로 나의 '성실함'을 증명하는 거예요. 그래서 내가 뭔가 성실한 사람이라는 걸 나 스스로가 입증하게 되니까, 그다음에는 내가 하고 싶은 일이 생기면, 뭐든지 지원하면 다 받아주더라. 내가 성실한 사람이란 걸 증명할 수만 있으면. 20살 이후에 다시 기회가 온다고 아이들에게 이야기합니다.

이 일을 해오면서 느낀 건, '똑똑함' 보단 '성실함'이란 것이었다. 방송에서의 '성실함'이란 건 지각하지 않고, 사고 치지 않고, 밤 잘 새우고…. 그런 거라기보다는, 이런 거 같다.

성실함이란, 어떤 상황에서도 담당 프로젝트가 끝나는 순간까지 몰입하는 힘이다.

그 '성실함'에 '측은지심'이나 '역지사지' 같은 인성까지 갖추면, 더할 나위 없이 훌륭하고. 그런 사람이 있다면, 굳이 피디 아니더라도 뭘 해도 될 사람 아닌가 싶다.

26.
직업으로서의 PD

이것도 직업이야. 넌 그 생각이 좀 부족한 것 같아.

성 피디님이 말씀하셨다. 그와 함께 MBC 〈TV 완전정복〉을 만들던 때니까, 2007년쯤일 거다. 왜, 무슨 이유로 그런 말씀을 하셨는지 기억은 나지 않지만, 편집실에서의 그 말은 지금까지도 내게서 떠나지 않는다. 직업으로서의 피디라⋯. 그 뉘앙스는 피디로서의 자질이나 능력을 말하는 게 아니었다. 피디라는 직업인으로서의 태도일 테다. 아무런 사고도 치지 않고, 조용히 일만 했던 겨우 3년 차 조연출이었던 내게, 그분은 어떤 결핍을 보셨던 걸까.

직업인으로서 피디의 태도와 자세에 대해, 인터넷엔 수많은 '피디론'이 있다. 과거 스타 피디였던 주철환 피디님과 송창의 피디님은, 피디가 갖춰야 할 자세로 세 가지를 들었다.

첫째, 창의력. 고정관념을 탈피하는 발상의 전환으로 새로운 걸 시도해라.

둘째, 친화력. 전문가를 묶는 전문가로서, 사람들과 친하게 지내라.

셋째, 추진력. 생각을 실제로 구체화시키는 열정과 집념을 가지고, 일에 미쳐라.

이것이 피디라는 직업을 가진 사람들이 갖춰야 할 자세라면, 성 피디님의 말씀이 옳았다. 나는 단 하나도 가지지 않았다. 그 외, 피디를 직업으로 삼고자 하는 사람들을 위한 조언을 모아보면, 다음과 같은 것들이 있다.

- 변화무쌍한 환경에서, 새로운 것에 항상 진취적으로 도전하고, 즐겨라.
- 활동적인 성격, 뛰어난 순발력, 폭넓은 지식과 상식, 외국어 실력을 갖춰라.
- 봉사·여행·독서, 방송·신문을 통한 직간접적인 사회 경험을 많이 해라.
- 인간의 심리와 대중의 니즈를 파악하고, 그들의 마음을 움직여라.
- 많은 사람의 의견을 조율·통합해 목표를 향해 나아가는 리더십을 가져라.
- 공공선에 대한 뚜렷한 주제 의식과 투철한 사명감을 갖춰라.

- 방송을 통해 재미와 의미를 함께 전달해라.
- 한 프로그램의 경영자로서, 주인의식을 가져라.
- 방송은 아무리 바빠도 시간을 쪼개서 볼 정도로 관심을 가져라.

나는 단 하나도 가지지 않았다.

내게 태도나 자세라고 할 만한 것은, 단 두 가지뿐이었다. 한 가지는 나의 '기준'이다. 그건 학창 시절부터 세워졌다. 망설였는데, 자의식 과잉이니까 얘기해야지. 고등학교 졸업 후, 누가 하라는 공부에 반감을 가져 힘든 청춘을 보냈지만, 난 초등학교부터 고등학교 때까지, 공부를 잘했다. 비록 모두가 공부하지 않았던 할렘가였지만, 두 번을 제외하고 12년 동안 전교 3등 밖을 벗어나지 않았다. 어머니는 종종 내게 '첫 끗발이 개끗발'이라고 하신다. 어쨌든 잘했고, 부모님은 시키지도 않으셨고, '이번에는 꼭 100점을 맞겠어', '1등을 해서 저 녀석을 이기겠어'란 마음은 1도 들지 않았다. 선천적으로 승부욕이 없었고, 꾸준히 애쓰지도 않았다. 놈팡이처럼 살다가, 시험을 앞두곤 언제나 벼락치기를 했다. 단, 벼락치기를 할 땐 '기준'이 있었다. 외우든 어쩌든, 내 성에 찰 때까지 해야 했다. 목적이 있거나, 욕심이 있어서 그런 것도 아니었다. 중간에 멈추면 그냥 찜찜했다. 찜찜하지 않을 때까지 파면, 독서실엔 혼자 남았다. 인터넷에 떠도는 서울대 의예과 수석합격자의 글과 같았다.

"독서실에 마지막까지 남아 공부를 한다. 참 웃기는 일이었다. 분명 내가 제일 공부를 잘하는데, 내가 제일 열심히 한다."

서울대는 못 갔지만, 어쨌든 나도 그렇게 문과 전교 2등이나 3등을 했다. 언제나 전교 1등을 하던 넘사벽 친구가 있었는데, 그 앞에서 진짜 물개 박수를 쳤다.

"야~ 너 진짜 짱 먹어라!"

'이만하면 됐다. 더 이상은 무리다'란 생각이 들 때까지 하니, 시기심 0%, 순도 99% 리스펙이 나왔다. 이건 방송에서도 그대로 이어졌는데, 사수가 없던 난, 내 성에 찰 때까지 편집실에서 밤을 새웠다. '됐다' 싶으면 독서실에서 그랬던 것처럼, 편집실엔 혼자 남았다. 일에 미친 게 아니었다. 명작을 남기고 싶거나 칭찬받고 싶은 욕심 때문도 아니었다. 그냥 찜찜하지 않으려고 그랬다. 그래서 후배라도, '진짜 대단하구나'란 생각이 들면, 절로 물개 박수가 나왔다. 전교 1등 그 녀석한테 그랬던 것처럼. 이 자세는 성격이 돼서, 지금까지도 부작용을 낳고 있다. 십만 원짜리든, 백만 원짜리든, 내 성에 찰 때까지 하니, 퀄리티가 비슷하다.

한 번은 친했던 피디 형에게 오랜만에 연락이 왔다. 홍보영상 3편 편집해야 하는데, 돈이 백만 원밖에 없단다. 워낙 예전부터 알던 형이니 그도 내 스타일을 알았고, 나도 부담 없이 돕는 셈 치고 맡았다. 그런데 믿고 맡긴다던 그에게 다음날 전화가 왔다.

"잘하고 있지?"
"네, 하고 있어요. 얼른 해서 드릴게요."
"근데, 이번 거 진짜 잘해야 돼. 신경 써줘."
아니, 이 형 왜 이렇게 부담을 주지. 웃으며 농을 쳤다.

"아~ 한 편 30만 원 주고서 뭘 그렇게 바라세요. 알아서 할게요. 걱정 마세요~"
전화를 끊고 다시 한창 일을 하는 중, 톡이 왔다.

"일단 한 편만 하는 거로 하자. 그거 보고 역량 안 되면 자른다."

야~ 이 형 톡 날리는 꼬라지 좀 보소. 그동안 어떤 삶을 살았길래 못된 것만 배웠네. 정말 30만 원어치만 해줄까…. 하지만 난 또 그러지 못했다. 내 '기준'에 찰 때까지 해서 넘겼고, 그 형은 남은 두 편도 부탁한다고 했고, 난 싫다고 했다. 이러니 자꾸 거래처가 끊기지…. 성 피디님 말씀처럼, 난 정말 피디로서의 직업의식이 결여됐다. 친화력이 있어야 된다는 피디로서의 자세가 글러먹었다.

내게 있었던 또 다른 태도는 '미안함'이었다. 팀에선, 밤새워 일하는 선배들, 후배들, 작가들에게 미안했다. 현장에선 이게 뭐라고, 시간을 빼가며 참여해 주는 출연자들에게 미안했다. 정확한 디렉션도 주지 못하면서, 의지만 하게 되는 스태프들에게 미안했다. 미안해서, 능력 없는 내가 할 수 있는 거라곤 그들 얘기를 들어주는 것뿐이었다. 그리고 눈치가 보여서, 가능한 ASAP로, 조금이라도 모두의 요구가 반영될 수 있도록 머리를 굴려대고 움직였다. 그러다 보니 간혹 어떤 사람들은 내게 리더십도, 추진력도 있다고 얘기해 줬지만 개뿔, 그건 그냥 미안함에 벗어나고픈 나만을 위한 행동들이었다. 프로젝트를 구체화시키려는 열정과 집념 따위. 그저 폐만 안 끼치고, 욕이나 안 먹고 싶었다. 역시 난, 피디로서 직업의식이 결여됐다.

　이렇게 직업의식이 부족한데도, 오랜 시간 피디란 직업으로 먹고 살 수 있었던 건, 사실 나만 그런 게 아니라서다. 20년 동안, 인터넷에 떠도는 '바람직한 피디로서의 직업의식'을 다 가진 피디를 본 적도 없다. 다들 뭐 몇 개씩은 문제가 있다. 내 미천한 인간관계로 일부를 겪고 전체를 판단할 수는 없지만, 여하튼 본 적 없다. 되려 인터넷의 그 조언들은, 피디로서 겪었던 나의 콤플렉스다. 마찬가지로 조언을 던진 그들의 콤플렉스 아닐까? 마치 좋은 대학교에 가지 못하고, 영어를 못해 사회의 불이익을 받아온 학부모들이, '내 자식만큼은 그런 고초를 겪게 하지 않으리라' 생각하며 던진 조언 같다. 한 번쯤 귀담아는 듣되, 휘둘릴 필요도, 절망할 필요도 없다. 저건 피디라는 직업인의 필수 조건도, 자세도 아니다. 그저 군자로서의 피디를 그린 이상향이다. 그리고 우리가 두 발 딛고 서 있는 현실 세계엔, 그런 군자는 희박하다. 있다면 김태호 피디나 나영석 피디처럼 성인의 반열에 올랐겠지. 그리고 이 세계는 몇 안 되는 성인이 아닌, 우리 같은 사람들로 굴러간다. 직업인으로서 피디를 꿈꾸는 사람들이 저런 조언들에, 본인을 채찍질하고, 태생적 기질을 바꾸려는 괜한 노력으로 탈진해버리거나, '난 안돼'라며 좌절하고 상처받지 않기를 진심으로 바란다. 더불어, 이미 직업으로 삼은 신입 피디님들도 '좋은 시청률과 화제성을 위해, 피디란 이래야 한다'는 선배의 조언이나, 업계의 고정관념에 휘둘리지 않았으면 한다. 프로그램 연출도 빡센 마당에, 모질고 강한 본인의 리더십까지 연출하며, 집에서 홀로 우시는 분들이 의외로 많다. 그렇게 한다고 좋은 성적을 얻는 것도 아니고, 성적이 안 좋다고 나쁜 프로그램도 아니다. 힘든 가면을 벗은 당신의 프로그램, 그 누군가에겐 인생작이다. 고정관념을 탈피해야 하는 게 피디의 직업의식 중 하나란다. '피디는 이래야 한다'는 고정관념에 묶여 고통받지 않기를 정말 진심으로 바란다.

에필로그 _ 행운을 빌어요

왜 난 피디란 직업을 놓지 못하고 있는 걸까.

그동안 피디란 직업을 접고 영상 업계를 떠난 선후배들을 많이 봤다. 예전이나 지금이나 상상 이상의 고된 현실이 펼쳐지기 때문이다. 글을 쓰려고 지난날들을 떠올리며, 다시 한번 생각해 봤다. 나는 둘째가라면 서러울 유리 멘탈인데, 이 긴 시간 동안 왜 난 피디란 직업을 놓지 못하고 있는 걸까…. 그냥 '지루하지 않아서'였던 것 같다. 드라마 〈도깨비〉 대사를 빌리면 이런 느낌이다.

너와 함께한 시간 모두 지루하지 않았다.
날이 좋아서, 날이 좋지 않아서, 날이 적당해서
모든 날이 지루하지 않았다.

피디라는 이 직업에 발 들인 후, 힘들고, 화나고, 슬프고, 즐

겁지 않았던 적 많았어도, 지루하진 않았다. 영상을 만드는 일에 비하면 다른 일들은 금세 따분해졌었고, 그래서 이 직업을 놓지 못했다. 평생을 쑥스러워해도, 말 좀 버벅거려도, 얼굴 좀 빨개져도, 그런 것쯤 그냥 애로사항으로 치부해 버리고, 기어코 다른 방법들을 찾아내면서까지 하게 되는 그런 매력적인 직업이란 건 확실하다.

또 피디를 계속할 수 있었던 건 동료들 덕분이다. 나의 은인인 정진우 피디님, 김종호 피디님, 김지연 작가님, 여민정 감독님께 감사드린다. 내게 언제나 힘을 주는 아내, 윤미연 피디님에게도 사랑한다는 말 전하고 싶다. 덧붙여 지금도 피디를 꿈꾸며 노력하는, 그리고 현업에서 고민하는 모든 분에게 말하고 싶다.

> 흉터를 가진 모두에게 존경을, 이겨낸 이에게 축복을
> - 이센스 〈독〉 중에서

직업으로서의 PD

초 판 1 쇄 2024년 7월 5일
지 은 이 정영택
펴 낸 곳 하모니북

출판등록 2018년 5월 2일 제 2018-0000-68호
이 메 일 harmony.book1@gmail.com
홈 페 이 지 harmonybook.imweb.me
인스타그램 instagram.com/harmony_book_
전 화 번 호 02-2671-5663
팩 스 02-2671-5662

ISBN 979-11-6747-190-1 03680
© 정영택, 2024, Printed in Korea